SPICA

2. Auflage, 2022

Autor: Reinhard Simon
Gesamtherstellung: Spica Verlag GmbH
Umschlagabbildung: © Steven Helmis

Printed in Europe
ISBN 978-3-946732-54-9

Reinhard Simon

Domjücher Schicksale

Patienten der Heil- und Pflegeanstalt Domjüch
bei Neustrelitz in der Zeit des Nationalsozialismus

www.spica-verlag.de

Gedenktafel für die Opfer der Euthanasie und Zwangssterilisation am Haupteingang des ehemaligen Verwaltungsgebäudes der Heil- und Pflegeanstalt Domjüch; eingeweiht im Rahmen des Gedenkgottesdienstes am 10. Juli 2016 zum 75. Jahrestag des Abtransports Domjücher Patienten in die Vernichtungsanstalt Bernburg

Gewidmet allen Opfern der menschenverachtenden, nationalsozialistischen Euthanasieverbrechen und Zwangssterilisationen zwischen 1933 und 1945

Inhaltsverzeichnis

Vorwort

Auf dem Gelände der ehemaligen Landesirrenanstalt Domjüch bei Neustrelitz befindet sich ein Gedenkraum für die Patienten der Anstalt, die in den Jahren 1940 und 1941 von hier aus zur Vernichtung in die Vergasungsanstalten Brandenburg an der Havel und Bernburg geschickt wurden. Die meisten dieser Patienten waren schon viele Jahre auf der Domjüch oder vorher in anderen Anstalten im damaligen Land Mecklenburg. Sie litten an den verschiedensten psychischen oder körperlichen Behinderungen und führten somit nach nationalsozialistischer Weltanschauung ein sogenanntes „unwertes Leben ohne Nutzen für die deutsche Volksgemeinschaft". Bisher ist ein Teil dieser Opfer namentlich bekannt, von wenigen kennen wir eine ausführliche Lebensgeschichte. Vieles, was wir bisher erfahren konnten, stammt aus 49 noch im Bundesarchiv Berlin vorhandenen Krankenakten ehemaliger Patienten der Heil- und Pflegeanstalt Domjüch, die am 11. Juli 1941 von hier abgeholt und mit hoher Wahrscheinlichkeit noch am gleichen Tag in der Anstalt Bernburg umgebracht wurden.

In ihren Krankenakten finden sich viele unverkennbare Zeichen und Hinweise, dass die Patienten als „unwert" oder als „Ballastexistenzen" angesehen wurden. Auffällig sind insbesondere die immer kürzer werdenden Einträge, die oft über das ganze Jahr hinweg nur noch wenige Worte wie „unverändertes Krankenbild" umfassten. Keine oder nur sehr wenige Einträge zu Therapien oder Medikamentenbehandlungen. Lohnte es sich nicht mehr, sich um diese Menschen zu kümmern, bis sie dann schließlich am 11. Juli 1941 als „ungeheilt" entlassen wurden?

Auffällig ist auf vielen Akten auch der kurze Vermerk „Sterilisiert". Dieser Hinweis sollte dem zuständigen Arzt in der Anstalt, dem Hausarzt oder aber auch Beamten im Gesundheitsamt oder einer Fürsorgeeinrichtung signalisieren, dass der Patient in irgendeiner Form „erbkrank" sei und daher durch Beschluss eines Erbgesundheitsgerichtes unfruchtbar gemacht wurde. Auch für die Patienten der Heil- und Pflegeanstalt Domjüch, die neben einer langen Krankheitsgeschichte zusätzlich noch diesen Vermerk aufwiesen, war die Gefahr groß, Opfer der nationalsozialistischen T4-Euthanasieaktion zu werden, da sie oft schon Jahre vorher „offiziell und höchstrichterlich" als erbkrank, „minderwertig" und somit als „unnütz für die nationalsozialistische Volksgemeinschaft" eingestuft worden waren.

Auch in Neustrelitz existierte von 1934 bis 1945 ein Erbgesundheitsgericht. Dieses Gericht urteilte auf Grundlage eines Gesetzes, welches 1933 bereits wenige Monate nach Machtantritt der Nationalsozialisten zur „Verhütung erbkranken Nachwuchses" erlassen wurde, über zahlreiche Menschen des damaligen Kreises Stargard. Viele Jahre war die Existenz dieses besonderen Gerichtes, das dem Amtsgericht Neustrelitz angegliedert war, nur Fachleuten bekannt. Auch ich erfuhr nur durch Zufall davon, als ich 2015 einen Artikel über die Euthanasie im damaligen Gau Mecklenburg las. Damals ahnte ich noch nicht, dass mich dieses Thema mehr und mehr in den Bann ziehen würde. Spätestens als ich im Berliner Bundesarchiv die ersten Krankenakten Domjücher Patienten, die 1941 Opfer der Euthanasiemorde wurden, lesen durfte, ließ mir dieses Thema, insbesondere jedoch das Einzelschicksal all jener Menschen keine Ruhe mehr. Unzählige Stunden verbrachte ich in Archiven auf der Suche nach neuen Namen, Hinweisen oder Dokumenten. Ich traf mich mit Historikern, aber auch mit Angehörigen ehemaliger Patienten, die ich manchmal erst über das Schicksal ihrer Verwandten aufklärte. Und immer wieder stieß ich, oft durch Zufall, auf neue Hinweise, die alte Theorien über den Haufen warfen. Und so sammelte sich mit der Zeit ein Berg von Unterlagen, Materialien und Akten, sodass ich mich letztendlich entschloss, ein Buch über die dunklen Jahre, insbesondere über die Schicksale „unserer“ Patienten zu schreiben.

Viele Fragen, insbesondere zu den Einzelschicksalen, sind auch am Ende dieser Dokumentation unbeantwortet. Einige von ihnen werden erst im Laufe der nächsten Jahre durch neuere Forschungen und Recherchen geklärt werden können. Vieles wird jedoch für immer im Dunkel der Geschichte bleiben müssen, weil entscheidende Unterlagen unwiederbringlich vernichtet worden sind. Für mich ist es aber das Wichtigste, die Opfer dieser menschenverachtenden Vernichtung psychisch und körperlich Kranker nicht zu vergessen und alles dafür zu tun, dass diese Verbrechen nie wiederholt werden. Dazu möchte ich mit diesem Buch beitragen.

– Reinhard Simon –

1. Der Anfang eines dunklen Kapitels

Als am 21. August 1902 die Mecklenburg-Strelitzsche Landesirrenanstalt Domjüch eröffnet wird, erfüllt sich für den Anstaltsdirektor Dr. Carl Serger ein langersehnter Wunsch. Seit 1894, mit der Ernennung Sergers zum Arzt an der Irrenanstalt in Strelitz, hatte er den damaligen Großherzog Friedrich Wilhelm und die Landesregierung Mecklenburg-Strelitz auf Verbesserung der Lebensbedingungen geisteskranker Patienten gedrängt. Die Irrenanstalt in Strelitz war Bestandteil des Landarbeits-, Zucht- und Irrenhauses, dessen Reste noch heute am Ortseingang von Strelitz-Alt zu sehen sind. Die Zustände in dieser Einrichtung waren katastrophal. Nach Sergers Auffassung konnte eine angemessene Unterbringung, Behandlung oder Pflege der Patienten nur in einer eigenen Anstalt gewährleistet werden. *(1)* Volle fünf Jahre hatte er kämpfen müssen, bis am 1. März 1899 am Ufer des Domjüchsees der Spatenstich für die Errichtung einer Irrenanstalt am Stadtrand von Strelitz erfolgen konnte. Nur etwas über drei Jahre, bis zum Jahr 1902, dauerte der Bau. Dann konnten 56 Männer und 68 Frauen aus der Strelitzer Irrenanstalt die neuen Gebäude beziehen. *(2)*

Die Domjücher Anstalt gehört Anfang des 20. Jahrhunderts sowohl baulich als auch medizinisch zu den fortschrittlichsten Anstalten im Deutschen Reich. Sie verfügt über vier Krankenhäuser, je zwei für Männer und Frauen. In der Mitte der Anlage befinden sich das Verwaltungsgebäude, das Wirtschaftshaus mit Wasch- und Kochküche, das Maschinenhaus mit dem 25 m hohen Wasserturm, das Kesselhaus mit Schornstein sowie landwirtschaftliche Gebäude. Vom Maschinenhaus mit seinen drei Kesseln und zwei Dynamoakkumulatoren führen 2 m tiefe begehbare Kanäle zu jedem Gebäude, um sie mit Wärme, Wasser und Strom zu versorgen. Ein modernes Lüftungssystem ermöglichte die regelmäßige Frischluftzufuhr in den Patientenzimmern.

Über viele Jahre werden hier zahlreiche Patientinnen und Patienten mit den unterschiedlichsten psychischen Krankheiten im Rahmen der damaligen Möglichkeiten behandelt oder gepflegt. Dazu gehörte die seinerzeit übliche Dauerbadtherapie ebenso wie die Arbeitstherapie, die neben dem therapeutischen Wert auch zur Selbstversorgung der Anstalt beitrug. So entstand im Laufe der Jahre eine Lebens- und Wohngemeinschaft, eine Gemeinschaft zwischen den Patienten, aber auch zwischen Patienten, Pflegekräften und Ärzten. Christiane Witzke beschreibt in ihrem Buch *„Domjüch – Eine Landesirren, Heil- und Pflegeanstalt in Mecklenburg"* *(3)* sehr anschaulich das Leben und die Entwicklung der Anstalt.
Mit der Machtergreifung der Nationalsozialisten 1933 beginnt jedoch auch in der Anstalt Domjüch eine dunkle Zeit, die das Leben dort nachhaltig verändern sollte. Ab diesem Zeitpunkt werden die Domjücher Patienten nicht mehr nur als Kranke, sondern vor allem als unnütze Esser, die ein unwertes Leben führen, angesehen.

Vorzeichen für diese Entwicklung gab es jedoch schon in den zwanziger Jahren. Wer die heutige Gedenk- und Erinnerungsstätte im ehemaligen Verwaltungsgebäude der Domjüch besucht, stößt im Eingangsbereich auf zwei Zitate: „… aber wir werden vielleicht eines Tages zu der Auffassung heranreifen, dass die Beseitigung der geistig völlig Toten kein Verbrechen, keine unmoralische Handlung, keine gefühlsmäßige Rohheit, sondern einen erlaubten nützlichen Akt darstellt". Dieses Zitat stammt aus einem 1920 erschienenen Buch von Karl Binding und Alfred Hoche *Die Freigabe der Vernichtung lebensunwerten Lebens – Ihr Maß und ihrer Form*. Insbesondere Dr. Alfred Hoche (1865–1943), ein angesehener Psychiater und von 1902 bis 1933 Direktor der Psychiatrischen und Nervenklinik in Freiburg, rechtfertigt in diesem Werk die Vernichtung „lebensunwerten" Lebens sowohl aus psychiatrischer als auch aus wirtschaftlicher Sicht: „Ein geistig Toter ist somit auch nicht imstande, innerlich einen subjektiven Anspruch auf Leben erheben zu können, ebenso wenig wie er irgendwelcher anderer geistiger Prozesse fähig wäre [...] Im Falle der Tötung eines geistig Toten [...] wird somit auch kein subjektiver Anspruch verletzt.“ *(4)*

Gleich darauf legt er nahe: „Und in wirtschaftlicher Beziehung würden also diese Vollidioten [...] gleichzeitig diejenigen sein, deren Existenz am schwersten auf der Allgemeinheit lastet.“ *(5)*

Anschließend rechnet er vor, mit wie viel Reichsmark ein „Idiot“ im Jahr dem Staat auf der Tasche liegt. Sein Mitautor, der Strafrechtler, Verfassungsrechtler und Rechtshistoriker Professor Dr. Karl Binding (1841–1920), u. a. Richter beim Landgericht Leipzig und Rektor der Universität Leipzig, sieht auch rechtlich Möglichkeiten, „unheilbar Blödsinnige“ zu beseitigen, da „sie weder den Willen zu leben noch zu sterben haben. So gibt es ihrerseits keine beachtliche Einwilligung in die Tötung, andererseits stößt diese auf keinen Lebenswillen, der gebrochen werden müsste“ *(6)*

Dieses Werk wird in den nächsten Jahren in der Fachwelt heftig diskutiert. Es gibt viele Befürworter, aber auch strikte Gegner. Dazu gehört unter anderem Dr. Ewald Meltzer, Direktor des Katharinenstifts der sächsischen Pflegeanstalt für bildungsunfähige, schwachsinnige Kinder zu Großhennersdorf. Von ihm stammt das zweite Zitat im Eingangsbereich der Gedenk- und Erinnerungsstätte: „... selbstverständlich kann auch gegenüber dem Geistesschwachen, der sich bei seinem Leben glücklich fühlt, von Freigabe seiner Tötung keine Rede sein.“ *(7)* Meltzer kann zu diesem Zeitpunkt eine langjährige Erfahrung insbesondere im Umgang mit geisteskranken Kindern aufweisen und die Empfindungen der Kranken gut nachvollziehen.

Während unter den Fachleuten heftig gestritten wird, bringt ein Gefreiter des Ersten Weltkrieges während seiner Haftzeit in

der Festung Landsberg im Jahre 1924 seine Gedanken über die Schaffung einer deutschen Herrenrasse zu Papier. So formuliert Adolf Hitler in seinem Buch „*Mein Kampf*" unter anderem seine Vorstellungen von einer erbgesunden Volksgemeinschaft: „[der völkische Staat] hat die Rasse in den Mittelpunkt des allgemeinen Lebens zu setzen [...] Er muß dafür Sorge tragen, daß Kinder zeugt, nur wer gesund ist, daß es nur eine Schande gibt: bei eigener Krankheit und eigenen Mängeln dennoch Kinder in die Welt zu setzen [...] Er hat, was irgendwie ersichtlich krank und erblich belastet und damit weiter belastend ist, (für) zeugungsunfähig zu erklären und dies praktisch auch durchzusetzen." *(8)*
Es wird nicht einmal mehr zehn Jahre dauern, bis Adolf Hitler seine Vorstellungen von einer „erbgesunden deutschen Rasse" in die Praxis umsetzt.

2. Ein Gesetz und seine Vollstrecker

Am 14. Juli 1933 erließ das erst seit knapp sechs Monaten regierende Naziregime das „Gesetz zur Verhütung erbkranken Nachwuchses", welches am 1. Januar 1934 in Kraft trat. Menschen mit „angeborenem Schwachsinn", „Schizophrenie", „zirkulärem (manisch-depressivem) Irresein", „erblicher Fallsucht" (Epilepsie), „erblichem Veitstanz" (Huntingtonsche Chorea), „erbliche Blindheit", „erbliche Taubheit", „schwerer erblicher körperlicher Mißbildung" sowie Personen mit „schwerem Alkoholismus", konnten künftig durch „chirurgischen Eingriff unfruchtbar gemacht werden." *(1)*
Die Mediziner Arthur Gütt, Ernst Rüdin sowie der Jurist Falk Ruttke, die entscheidend an diesem Gesetz mitwirkten, führten in ihrem Kommentar zwei maßgebliche Gründe für dessen Verabschiedung an: „Während die gesunde deutsche Familie, besonders der gebildeten Schichten, nur etwa zwei Kinder im Durchschnitt

hat, weisen Schwachsinnige und andere erblich Minderwertige durchschnittlich Geburtenziffern von drei bis vier Kindern pro Ehe auf. Bei einem solchen Verhältnis ändert sich aber die Zusammensetzung eines Volkes von Generation zu Generation, sodass in etwa drei Geschlechterfolgen die wertvolle Schicht von der minderwertigen völlig überwuchert wird. Das bedeutet aber das Aussterben der hochwertigen Familien." Und weiter: „Dazu kommt, daß für Geistesschwache, Hilfsschüler, Geisteskranke und Asoziale jährlich Millionenwerte verbraucht werden, die gesunden, noch kinderlosen Familien durch Steuern aller Art entzogen werden. Die Fürsorgelasten haben eine Höhe erreicht, die in gar keinem Verhältnis mehr zu der trostlosen Lage derjenigen steht, die diese Mittel durch Arbeit aufbringen müssen." *(2)* Diese Begründung war im Grunde genommen schon der Nährboden für die fünf Jahre später beginnende Euthanasie, die Tötung „Geistesschwacher, Hilfsschüler, Geisteskranker und Asozialer".
Das Gesetz sah unter anderem die Einrichtung von sogenannten Erbgesundheitsgerichten vor, juristische Einrichtungen, die, und das war die Besonderheit des deutschen Sterilisationsgesetzes im nationalsozialistischen Staat, auch ohne Zustimmung der Betroffenen Zwangssterilisationen beschließen konnten. Dieses Gericht bestand aus einem Juristen als vorsitzendem Richter, einem beamteten Arzt und einem „weiteren für das Deutsche Reich approbierten Arzt, der mit der Erbgesundheitslehre besonders vertraut ist." *(3)*

Am 29. Dezember 1933 erscheint im Amtsblatt des Landes Mecklenburg-Strelitz eine Bekanntmachung zur *„Durchführung des Reichsgesetzes vom 14. Juli 1933 zur Verhütung erbkranken Nachwuchses – R.G.Bl. Teil 1 Nr. 86 – und der Verordnung zur Ausführung des genannten Gesetzes vom 5. Dezember 1933 – R.G.Bl. Teil 1 Nr. 138"* *(4)* Darin wird mitgeteilt, dass für das Land Mecklenburg-Strelitz ein Erbgesundheitsgericht mit dem Sitz in Neustrelitz gebildet wird. Dieses Gericht wird dem

Amtsgericht Neustrelitz angegliedert. Als Mitglieder dieses Gerichts werden der Amtsgerichtsrat Dr. jur. Rathsack aus Neustrelitz als Vorsitzender, Ministerialrat Dr. med. Stein aus Neustrelitz als beamteter Arzt und Dr. med. Lange aus Neubrandenburg als approbierter Arzt bestellt. Zu Stellvertretern werden für den Vorsitzenden Landgerichtsrat Dr. jur. Klemp aus Neustrelitz, für den beamteten Arzt Medizinalrat Dr. med. Schlund Anstaltsarzt auf der Domjüch und für den approbierten Arzt Dr. med. Hurtzig aus Neustrelitz-Strelitz ernannt.
An Krankenanstalten, denen die Ausführung der Unfruchtbarmachung überlassen werden darf, werden das Landeskrankenhaus Carolinenstift in Neustrelitz, das Stadtkrankenhaus in Neubrandenburg und das Stadtkrankenhaus in Fürstenberg bestimmt. Für die Patienten der Heil- und Pflegeanstalt Domjüch werden Unfruchtbarmachungen ausschließlich im Carolinenstift Neustrelitz durchgeführt.

Das Gebäude des ehemaligen Amts- und Landgerichtes Neustrelitz in der Tiergartenstraße, in welchem sich zwischen 1934 und 1945 auch das Erbgesundheitsgericht befand.

Für die Ärzte der Heil- und Pflegeanstalt Domjüch brachte das Inkrafttreten des Gesetzes zur Verhütung erbkranken Nachwuchses am 1. Januar 1934 erhebliche Mehrbelastungen in ihrer täglichen Arbeit. Als Anstaltsärzte mussten sie alle Patienten, die unter den im §1 dieses Gesetzes aufgeführten Krankheiten litten, erfassen und die Unfruchtbarmachung beim Erbgesundheitsgericht Neustrelitz beantragen. Ausgenommen waren in der Regel nur solche Patienten, die aufgrund ihres Alters oder der Schwere ihrer Krankheit (dauerhafte Pflege in der Anstalt) nicht für eine Unfruchtbarmachung infrage kamen. Für viele Patienten, die Aussicht auf Entlassung aus der Anstalt hatten, war die Sterilisation dagegen oft eine Grundvoraussetzung.

Am 12. September 1934 wurde der damalige Direktor der Anstalt Domjüch, Dr. Hermann Starke, erstmalig vom zuständigen Mecklenburgischen Ministerium in Schwerin aufgefordert, eine Liste der seit Januar 1934 unfruchtbar gemachten Personen aufzustellen. *(5)* Daraus ist unter anderem zu entnehmen, dass ***Kurt Kühn*** aus Feldberg zu den ersten Domjücher Patienten gehörte, die aufgrund eines Urteils des Erbgesundheitsgerichtes Neustrelitz zwangssterilisiert wurden. Er wurde am 15. Mai 1934 im Carolinenstift Neustrelitz unfruchtbar gemacht. Kurt Kühn kam am 8. April 1930 erstmalig in die Anstalt Domjüch. Am 15. Mai 1934, dem Tag seiner Sterilisation, wurde er aus der Anstalt entlassen, aber bereits neun Tage später wieder aufgenommen. Am 4. August 1934 flüchtet er aus der Domjücher Anstalt und lebte danach vermutlich als Obdachloser in verschiedenen mecklenburgischen Ortschaften. Am 31. Oktober 1934 wurde Kurt in Laage bei Schwerin aufgegriffen und als „offenbar Geisteskranker“ in die Heil- und Pflegeanstalt Gehlsheim aufgenommen. Von dort aus kam er am 28. Mai 1936 wieder in die Heil- und Pflegeanstalt Domjüch. Hier blieb er bis zum 11. Juli 1941. An diesem Tag wird er „ungeheilt entlassen“. *(6)*

Das Carolinenstift Neustrelitz

Die Zwangssterilisation von Kurt Kühn wurde 1934 mit der Diagnose „Angeborener Schwachsinn" vom Erbgesundheitsgericht Neustrelitz angeordnet. Neben der Krankheit Schizophrenie war der „Angeborene Schwachsinn" der häufigste Grund für eine Unfruchtbarmachung.

Wann aber war damals ein Mensch in den Augen der Psychiater angeboren erblich schwachsinnig? Gerade über die Definition dieser Diagnose gab es in der Ärzteschaft erhebliche Meinungsverschiedenheiten. In Dr. Karl Schmidts Personalakte im Landeshauptarchiv Schwerin befindet sich ein diesbezüglich interessanter Artikel aus der *Psychiatrisch-Neurologischen Wochenschrift* von 1934. Unter dem Titel –*Der Schwachsinn, seine Ätiologie, seine rassenhygienische Wertung und seine Stellung im Rahmen des Gesetzes zur Verhütung erbkranken Nachwuchses*– beschreibt Schmidt noch als Direktor der Heil- und Pflegeanstalt für geistesschwache Kinder in Schwerin-Lewenberg seine Vorstellungen von erblichem Schwachsinn: „Das Hauptcharakteristikum des Schwachsinns sehen wir [...] vornehmlich in dem Intelligenzdefekt, d. h. in einer Schwäche des Gedächtnisses, also in einer Armut an Vorstellungen, in einer mangelhaften assoziativen Verknüpfung der vorhandenen Vorstellungen, insbesondere in einer Schwäche der höchsten assoziativen Leistung des Urteils. Die Schwachsinnsformen sind z. T. bloße Abarten des Normalen und auch da, wo bestimmte Krankheitsprozesse den Schwachsinn verursachen, kann dieser unmerkbar gering bleiben. Die Krankheitsgruppe hat deshalb keine scharfe Grenze gegen die Norm, in die sie durch die Debilität und Beschränktheit übergeht."

Und zur Begründung der Erblichkeit führt er aus: „Die Betrachtung mancher Stammbäume erweist aber auch, daß direkte Vererbung im Sinne der Dominanz vorkommt.", um daraus letztendlich zu schlussfolgern: „Das wichtigste Mittel, um der Inflation durch erbkranke, insbesondere schwachsinnige Volksgenossen entgegenzutreten, ist fraglos die Sterilisation, da die Anstaltsasylierung der infrage kommenden Erbkranken für die Dauer der Fortpflanzungszeit, der Zahl und der ungeheuren Kosten wegen, nicht einmal in Betracht gezogen werden kann; hat doch die Zahl der Internierten bereits ein solches Stadium erreicht, daß die Lasten für die Allgemeinheit kaum mehr tragbar sind." *(7)*

Der von der Erbgesundheitslehre der Nationalsozialisten vollkommen überzeugte Dr. Karl Schmidt wird ein Jahr später Nachfolger von Dr. Hermann Starke in der Heil- und Pflegeanstalt Domjüch werden.

Wie lief ein sogenanntes Erbgesundheitsverfahren vor dem Erbgesundheitsgericht im Einzelnen ab? Trotz umfassender Recherchen sind so gut wie keine Verfahrensunterlagen des Erbgesundheitsgerichtes Neustrelitz zu finden. Die jeweiligen Akten wurden nach Abschluss des Verfahrens zum damaligen Gesundheitsamt Neustrelitz in der Schlossstraße 1 abgegeben. Dieses Gebäude brannte bei Kriegsende 1945 vollständig aus, wobei vermutlich alle diese Akten vernichtet wurden. Nur eine vollständige Verfahrensakte konnte im Bundesarchiv in einer Domjücher Krankenakte gefunden werden. Das Verfahren gegen den Domjücher Patienten ***Max Gabriel*** gibt umfassend Einblick in die Bürokratie eines Sterilisationsverfahrens am Neustrelitzer Erbgesundheitsgericht.

Max Gabriel, geboren am 12. November 1899 im schlesischen Zeipan, musste bereits in jungen Jahren nach dem frühen Tod seiner Mutter auf einem Bauernhof arbeiten. Bis 1917 arbeitete er nach eigenen Angaben auf dem Lande bzw. in einer Fabrik und wurde schließlich noch im Mai 1918 zum Militärdienst eingezogen. Nach dem Krieg sei er ständig auf Wanderschaft gewesen und habe überall nur kurze Zeit gearbeitet. Er war mehrfach vorbestraft unter anderem wegen Bettelns und Landstreicherei, wegen Vergehens gegen das Gesetz zur Verhütung von Geschlechtskrankheiten und wegen unbefugten Grenzübertritts.

Während seiner Haft in der Strelitzer Landesanstalt 1936 bemerkte der Anstaltsarzt Dr. Johannes Hecker Verhaltensauffälligkeiten wie Verfolgungs- und Beeinflussungsideen, sodass er am 6. Oktober 1936 zur Beobachtung in die Heil- und Pflegeanstalt Domjüch überstellt wurde. Bei der Aufnahme stellte der Direktor Dr. Schmidt fest, dass „bei dem Melker Max Gabriel höchstwahrscheinlich eine schizophrene Geistesstörung vorliegt, wenngleich die Diagnose Schizophrenie noch nicht mit aller Bestimmtheit behauptet werden kann."

Spätestens am 5. Dezember 1936 muss sich jedoch Dr. Schmidt sicher gewesen sein, denn an diesem Tag beantragte er beim Erbgesundheitsgericht Neustrelitz die Unfruchtbarmachung wegen der Krankheit Schizophrenie. Als Anstaltsdirektor konnte Dr. Schmidt diesen Antrag direkt an das Gericht stellen. Bei Personen außerhalb der Anstalt war nur der Amtsarzt des staatlichen Gesundheitsamtes Neustrelitz dazu befugt.

Die Verhandlung gegen Max Gabriel fand am 19. Januar 1937 statt. An der Sitzung des Erbgesundheitsgerichtes nahmen als

Vorsitzender Dr. Rathsack und als ärztliche Beisitzer der Kreismedizinalrat Dr. Zwar (Amtsarzt des Gesundheitsamtes) und Dr. med. Lange teil. Ob Max selbst bei dieser Verhandlung anwesend war, wird aus den Akten nicht ersichtlich. Das Gericht entschied, dass der „am 12.11.1899 zu Zeipau, Kreis Sprottau geborene Melker Max Gabriel, z. Zt. Heil- und Pflegeanstalt Domjüch […] unfruchtbar zu machen, weil er erbkrank im Sinne von §1 Abs. 2 Ziffer 2 des Gesetzes vom 14. Juli 1933 ist." Weiter heißt es im Beschluss: „Nach dem Erachten des Sachverständigen [Anm. d. Autors: Dr. Schmidt-R.S.] liegen die Voraussetzungen der Erbkrankheit vor. Es ist mit großer Wahrscheinlichkeit zu erwarten, daß etwaige Nachkommen dieser Person an körperlichen oder geistigen Erbschäden leiden werden."
In einem Schreiben vom 19. März 1937 vom Gesundheitsamt Neustrelitz wird Max Gabriel aufgefordert, „sich innerhalb von 14 Tagen zur Operation zu melden". Er könne wählen zwischen dem Carolinenstift Neustrelitz, dem Stadtkrankenhaus Neubrandenburg oder der Privatklinik Dr. Krause in Neubrandenburg. Vermutlich wird er eine eigene Wahl jedoch nicht gehabt haben, denn am 5. April 1937 überweist Dr. Schmidt ihn an das Landeskrankenhaus Carolinenstift in Neustrelitz, wo er noch am gleichen Tag sterilisiert wird und dort bis zum 10. April 1937 bleibt. Anschließend lebt er wieder in der Anstalt Domjüch, die er erst am 11. Juli 1941 mit Ziel Bernburg wieder verlässt. *(8)*

Wer waren die Personen, die über die Sterilisation von Max und vielen anderen Patienten der Domjücher Anstalt urteilten, und somit entscheidend in das Leben dieser Menschen – auch gegen deren Willen – eingreifen konnten? Dr. Michael Buddrus vom *Institut für Zeitgeschichte München-Berlin* überließ mir in dankenswerter Weise die Biografien einiger dieser Richter und Ärzte.

Der Vorsitzende Richter Dr. Herbert Rathsack wurde am 11. November 1885 in Grapzow, als Sohn eines Landwirts geboren und studierte in Greifswald Rechtswissenschaften. Ab 1923 war er Amtsgerichtsrat in Neustrelitz und von 1931 bis 1945 Direktor des Amtsgerichtes Neustrelitz. Von 1934 bis 1943 war Rathsack Vorsitzender Richter am Erbgesundheitsgericht Neustrelitz, vorsitzender Richter des Anerbengerichtes Neustrelitz, Oberarbeitsrichter und Vorsitzender des Arbeitsgerichtes Neustrelitz. Im Zweiten Weltkrieg übte er auch die Tätigkeit als Richter und Staatsanwalt vor dem Neustrelitzer Kriegsgericht aus. Über sein weiteres Schicksal nach dem Krieg ist nichts bekannt.
Der an der Verhandlung beteiligte verbeamtete Arzt, Dr. Johannes Zwar, wurde am 12. September 1900 in Tessin bei Demmin als Sohn eines Bauern geboren. Von 1919 bis 1923 studierte er Medizin in Greifswald und München. In den Jahren 1924 bis 1925 absolvierte er ein praktisches Jahr an der Universitätsfrauenklinik Greifswald, wo er im April 1925 seine Approbation erhielt. Von Juni 1925 bis April 1927 war er Assistenzarzt in der Landesheilanstalt Stralsund, von April bis Juli 1927 in der Provinzialheilanstalt Treptow an der Rega und zwischen August 1927 bis April 1928 an der Landesheilanstalt Ueckermünde. Danach besaß er eine Praxis in Marlow, wo er bis Ende 1934 als praktischer Arzt tätig war. Nach Eintritt in die NSDAP und der SA 1933 kam er 1935 als Medizinalassistent/Medizinalassessor bei der landrätlichen Verwaltung nach Neustrelitz. Im Februar 1936 wird er Amtsarzt und Leiter des staatlichen Gesundheitsamtes des Kreises Stargard. In dieser Funktion wird er auch Leiter des Amtes für Volksgesundheit in der Kreisleitung Stargard der NSDAP sowie Stellenleiter im Rassenpolitischen Amt der Gauleitung Mecklenburg der NSDAP. Nach seiner Ablösung als Amtsarzt Anfang Mai 1945 flieht er in den Westen und wird dort für eine kurze Zeit im Lager Neumünster interniert. Man beschuldigt ihn dort, Lagerarzt im Konzentrationslager Ravens-

brück gewesen zu sein, was sich allerdings als Denunziation herausstellte. Über sein weiteres Leben ist nichts bekannt.
Dr. med. Erich Lange, als dritter Beteiligte der Verhandlung, wurde am 21. Oktober 1888 in Leussow als Sohn eines Volksschullehrers geboren. Von 1909 bis 1913 studierte er in Rostock und München Medizin und war ab Mai 1915 Medizinalpraktikant im Städtischen Krankenhaus von Lübeck und im Ersten Weltkrieg Truppenarzt an der Front. Von 1920 bis mindestens 1941 ist er als niedergelassener Allgemeinpraktiker in Neubrandenburg tätig. Ab 1933 wird er Mitglied der NSDAP und im gleichen Jahr schloss er sich der SS an. Als SS-Scharführer war er zunächst Arzt in der Sanitätsstaffel II/74 und daneben auch Vertragsarzt der Luftwaffe. Ab 1938 wird er Kreisstellenleiter im Amt für Volksgesundheit der NSDAP-Kreisleitung Stargard. Im Zweiten Weltkrieg übte er im Range eines SS-Obersturmführers die Tätigkeit als leitender Sanitätsoffizier bzw. Divisionsarzt im Luftverteidigungskommando 4 aus. 1942 wird er leitender Arzt an der Deutschen Klinik beim Generalkommando in Riga. Ab 1944 ist er wieder als Arzt in Neubrandenburg tätig. Über seinen weiteren Lebensweg nach 1945 ist nichts bekannt.

Bei Max traten nach der Operation keine Komplikationen auf. Es sind aber auch hier Fälle bekannt, bei denen sogar Patienten starben. So ist im Operationsbuch des Carolinenstifts der Name der erst 14jährigen ***Elsa Mülling*** aus Charlottenhof bei Rattey aufgeführt, die am 11. Januar 1935 sterilisiert wurde und einen Tag später im Krankenhaus verstarb. Ob sie an den Folgen der Operation starb, ist zwar nicht überliefert, muss jedoch angenommen werden. Dass diese Eingriffe von der Ärzteschaft des Carolinenstifts nicht als vorrangig angesehen wurden, bezeugt ein Brief des Amtsarztes Dr. Zwar an den Direktor des Krankenhauses vom 15. März 1937. Darin heißt es u. a.: „Mir liegt ein Bericht vom Carolinenstift Neustrelitz über die Unfruchtbarmachung des ***Otto Strübing*** aus Federow vor, unterschrieben von Dr. Knispel; ein approbierter Arzt dieses Namens in Neustrelitz ist mir nicht bekannt [...] es geht aber auf keinen Fall an, daß mit Operationen zur Unfruchtbarmachung, letzten Endes also mit den Vollzug eines Gerichtsurteils, der jüngste Arzt ihrer Krankenanstalt betraut wird [...] Ich muss also erwarten, daß in Zukunft solche Ärzte an ihrer Anstalt Unfruchtbarmachungen vornehmen, die „chirurgisch geschult" sind." *(9)*

Das Schicksal von Kurt und Max teilten in den Jahren 1934 bis Ende März 1941 insgesamt 70 Männer und 52 Frauen der Heil- und Pflegeanstalt Domjüch. *(10)* Danach sind Hinweise zu Unfruchtbarmachungen von Patienten der Anstalt Domjüch nicht mehr zu finden. Im Landeshauptarchiv Schwerin existieren jedoch noch einige wenige Unterlagen, die darauf hinweisen, dass das Erbgesundheitsgericht Neustrelitz noch bis weit ins Jahr 1944 tätig war. So wird am 17. Juli 1944 ein Insasse der Landesanstalt Neustrelitz-Strelitz aufgrund eines Beschlusses des Erbgesundheitsgerichtes Neustrelitz vom 6. Mai 1944 (AZ XIII 4/44) im Carolinenstift Neustrelitz zwangssterilisiert. *(11)* Weiterhin ist ein Schriftstück Dr. Heckers erhalten geblieben, in dem er am 28. November 1944 schreibt: „Vom Gesundheitsamt Neustrelitz werden vorgelegt, die Erbgesundheitsakten betreffs Lotte Bleiss, Irmgard Beer, Charlotte Berg und Elli Wolter um Durchführung des Verfahrens [...] Irmgard Beer und Charlotte Berg wollen heiraten. Elli Wolter ist geschieden, wird aber wahrscheinlich trotzdem bald wieder geschwängert sein. Neustrelitz, d. 28.XI.44. gez. Dr. Hecker". Das Schreiben Heckers mit den Akten der vier Frauen scheint über Schwerin gelaufen zu sein. Ein Mitarbeiter eines nicht näher beschriebenen Schweriner Ministeriums reicht die Akten am 4. Dezember 1944 an das Erbgesundheitsgericht Neustrelitz weiter und empfiehlt die Durchführung des Verfahrens trotz des „totalen Krieges." *(12)* Ob die Verfahren tatsächlich stattgefunden haben, ist nicht bekannt. Dr. Hecker war zum damaligen Zeitpunkt im staatlichen Gesundheitsamt Neustrelitz tätig und somit auch zuständig für die Bearbeitung von Anzeigen an das Erbgesundheitsgericht Neustrelitz. Auch in den Operationslisten des ehemaligen Neustrelitzer Krankenhauses Carolinenstift sind für das Jahr 1944 noch zehn Sterilisationen aufgrund des Gesetzes zur Verhütung erbkranken Nachwuchses aufgeführt. Der letzte Eintrag stammte vom 14. November 1944. An diesem Tag wurde die 19-jährige ***Elsbeth Losanski*** aus Mirow wegen „Schwachsinns" sterilisiert. *(13)*

3. Unruhige Jahre

Die Jahre nach dem Machtantritt der Nationalsozialisten verändern auch das Leben in der Domjücher Anstalt erheblich. Mit dem Zusammenschluss der Länder Mecklenburg-Schwerin und Mecklenburg-Strelitz am 1. Januar 1934 wird die Anstalt dem Schweriner Ministerium für Unterricht, Kunst, geistliche und Medizinalangelegenheiten unterstellt und erhält den Status einer „Heil- und Pflegeanstalt". Die Zuschüsse aus dem Landeshaushalt Mecklenburg muss die Domjücher Anstalt mit den beiden weiteren mecklenburgischen Heil- und Pflegeanstalten in Rostock-Gehlsheim und Schwerin-Sachsenberg teilen. Zum damaligen Zeitpunkt existierte auch noch das Heim für geistesschwache Kinder in Schwerin-Lewenberg, welches später mit der Sachsenberger Anstalt zusammengelegt wird. *(1)*
Die immer geringeren finanziellen Zuschüsse gefährden im Jahre 1934 ernsthaft den Weiterbestand der Anstalt Domjüch. Als kleinste der drei mecklenburgischen Einrichtungen war sie frühzeitig Gegenstand von Überlegungen des Schweriner Ministeriums, die Domjüch als Heilanstalt aufzulösen. Im Frühjahr 1934 gab es ein Gespräch des Schweriner Ministerialrates Dr. Marung

mit Vertretern des Senats der Hansestadt Lübeck. Es ging in diesem Gespräch um die Verlegung von ca. 200 Patienten der Domjücher Anstalt in die Heilanstalt Strecknitz bei Lübeck. Der verantwortliche Mitarbeiter der Stadt Lübeck stellte sogar „ferner in Aussicht, einen Teil des nichtbeamteten Pflegepersonals für den Anfang zu übernehmen, (ebenso) auch ein großes Teilinventar der Domjücher Anstalt." Die Aussicht auf zusätzliche Einnahmen „von ca. 60.000 RM netto jährlich" veranlasste die Stadt Lübeck, schnellstens in konkrete Verhandlungen mit dem mecklenburgischen Ministerium zu treten. Gescheitert ist diese Übernahme letztendlich an dem vergeblichen Versuch Schwerins, für die Domjüch eine geeignete Nachfolgeeinrichtung zu finden. Am 10. August 1934 schrieb Dr. Bergholter vom Schweriner Ministerium dem Senat von Lübeck mit Bedauern, dass man von dem Angebot auf Übernahme der Kranken aus der Anstalt Domjüch in die Heil- und Pflegeanstalt Strecknitz leider „nicht Gebrauch nehmen kann". Er dankt dem Senat und „hofft, später darauf zurückkommen zu können" *(2)* Die Anstalt Strecknitz wird im September 1941 aufgelöst. 605 Insassen dieser Anstalt werden in die Anstalten Eichberg und Weilmünster gebracht und dort ermordet. *(3)*

Die gerade so abgewendete Auflösung der Domjücher Anstalt bringt jedoch keine Ruhe in das Anstaltsleben. Medizinalrat Dr. Franz Schlundt, zweiter Anstaltsarzt neben Direktor Dr. Starke, wird am 1. Februar 1935 an die Heil- und Pflegeanstalt für geistesschwache Kinder in Schwerin-Lewenberg versetzt, wohl als Reaktion auf politische Auseinandersetzungen mit nationalsozialistischen Dienststellen, denn es gibt im Schweriner Landeshauptarchiv eine Akte zu „Beschwerden gegen den Medizinalrat Dr. Schlund zu Domjüch und Genossen wegen politischer Unzuverlässigkeit." *(4)* Am gleichen Tag wird auch sein Vorgesetzter Dr. Starke auf eigenen Wunsch in den Ruhestand versetzt. Als neuer Direktor der Anstalt wird am 1. Februar 1935 Dr. Karl Schmidt, der vorherige Direktor der Anstalt Schwerin-Lewenberg, eingeführt. *(5)* Dr. Schmidt ist, wie Witzke in ihrem Buch beschreibt, ein „überzeugter Gefolgsmann." *(6)* Zwei Monate später wird Dr. Johannes Hecker, ebenfalls vorher Anstaltsarzt in Lewenberg, Nachfolger des versetzten Dr. Schlundt.

Am deutlichsten spürten jedoch die Patienten selbst die Veränderungen. Insbesondere die drastisch reduzierten Pflegesätze, hauptsächlich für die Patienten der III. Klasse, welche fast 90 % des Patientenbestandes bestimmten, machen sich bemerkbar. So liest man bereits im Jahresbericht der Anstalt aus dem Jahre 1934: „Da bei dem Beköstigungstitel 5 % in Abzug gebracht werden mussten, wurde für die III. Verpflegungsklasse ein zweiter fleischloser Tag eingeschoben. Des Weiteren fallen die Suppen für diese Klasse am Fischtag weg; der Brotaufstrich wurde ebenfalls etwas gekürzt." Im Jahresbericht 1936/37 werden die Versorgungs- und Finanzierungsprobleme noch konkreter erwähnt: „Durch Beachtung größter Sparsamkeit war es möglich, einen durchschnittlichen täglichen Verpflegungssatz von 0,51 RM zu erreichen. Der tatsächliche Zuschuss beträgt in diesem Jahre nur 2.018,12 RM im Gegensatz zu 12.310,81 RM im Vorjahre." Die Lage verschärft sich mit Beginn des Krieges. Glaubt man jedoch den Ausführungen Dr. Schmidts, gelang es in diesen Jahren durch die umfangreiche Eigenversorgung den Bedarf an Lebensmitteln für die Patienten weitgehend zu sichern.

Aber auch die technische Versorgung in der Anstalt verschlechterte sich aufgrund fehlender Mittel im Laufe der Jahre immer mehr. So fehlte es im Winter 1940/41 an Heizmaterial, sodass Bäume im Park gefällt und verheizt werden mussten, um die Krankenräume und Büros wenigstens stundenweise zu heizen. „Ferner mussten die Bäder, um Warmwasser und damit Kohlen einzusparen, erheblich eingespart werden." *(7)* Die sogenannten

Dauerbäder gehörten damals noch zu den gängigsten Behandlungsmethoden.

Unruhe entsteht im täglichen Anstaltsleben auch durch die immer häufiger werdenden Zu- und Abgänge. Dr. Schmidt wird sich im April 1936 verärgert über die Verlegung von insgesamt 48 Domjücher Patienten in die Kückenmühler Anstalten bei Stettin äußern. Im 23. Jahresbericht der Heil- und Pflegeanstalt Domjüch wird er schreiben: „Durch die Herausnahme von 48 Kranken aus der Anstalt seitens des Landrats des Kreises Stargard und ihre Überführung in die Kückenmühler Anstalten bei Stettin, wurde das Bestehen der Anstalt ernstlich infrage gestellt. Muß es schon befremden, daß Kranke aus dem Lande Mecklenburg in einer nichtmecklenburgischen Anstalt untergebracht werden, so erst recht, wenn ausgerechnet eine von einem Pastor geleitete Anstalt hierfür auserwählt wird, weil hier die Pflegesätze etwas niedriger liegen." *(8)*

Die Kückenmühle, 1863 gegründet, war eine bedeutende Anstalt der Pommerschen Inneren Mission für geistig behinderte, psychisch kranke und anfallskranke Menschen. Wie alle Anstalten der Inneren Mission war auch die Kückenmühle ein Wirtschaftsunternehmen und auf Pflegegelder und Spenden angewiesen. Mit 1.500 Insassen im Jahre 1938 entwickelte sich die Anstalt zum damaligen Zeitpunkt zur größten diakonischen Einrichtung Pommerns. Wohl hauptsächlich deshalb konnte sie sich einen günstigen Pflegekostensatz leisten, was dazu führte, dass aus vielen Anstalten Pommerns und benachbarter Länder Patienten hierher überführt wurden. 1940 kam allerdings das jähe Ende dieser Einrichtung. Am 24. April 1940 ordnete der Gauleiter von Pommern, Franz Schwede-Coburg, die Schließung der Anstalt innerhalb von drei Monaten an. Im August 1940 wird die Waffen-SS die Gebäude der ehemaligen Anstalt übernehmen. *(9)*

Es waren hauptsächlich mittellose Patienten, die aus Kostengründen abgeschoben wurden. Zu den 48 von der Domjüch zur Kückenmühle überführten Patienten gehörte auch der am 26.Juni 1894 in Strasen geborene ***Ernst Niemax***. Sein Vater stirbt, als Ernst sechs Jahre ist. Wie es in der Krankenakte von Ernst steht, verübte der Vater Selbstmord, nachdem er vorher wiederholt in der Anstalt Domjüch war (Gemeint ist hier sicherlich die Strelitzer Strafanstalt, denn die Domjüch wird ja erst 1902 eröffnet). Ernsts Kindheits- und Jugendentwicklung verlief wohl normal, jedoch soll er sich in der Schule mit dem Lernen schwergetan haben. 1915 wird er zum 17. Dragonerregiment nach Ludwigslust eingezogen. Während seiner Ausbildung wird er von einem Pferd in den Magen getreten und leidet danach jahrelang an Magenbeschwerden. Gezeichnet von dem Grauen des Krieges kehrt er 1917 aus Russland zurück und erkrankt schwer an einer Lungenentzündung. Hinzu kommen zunehmend psychische Probleme. „Er ist sehr ängstlich nach dem Kriege. Er sagt, er würde verbrannt. Es würde dauernd gestorben." Seine traumatischen Erinnerungen werden ihn in den nächsten zehn Jahren nicht verlassen. Ernst, zwischenzeitlich verheiratet, unternimmt am 8. Februar 1928 einen Suizidversuch, woraufhin er am darauffolgenden Tag in die Domjücher Anstalt eingeliefert wird. Interessanterweise steht im Kopf seiner Krankenakte von 1928 als Ursache seiner Erkrankung: „Krieg?" Später wird die Diagnose lauten: „Melancholie auf imbeziller Basis". Heute würde man dazu vielleicht „posttraumatische Belastungsstörung" sagen. Während seines Aufenthalts auf der Domjüch wird sich sein Zustand nicht bessern, trotzdem wird er entgegen ärztlichem Rat am 9. März 1929 entlassen. Sieben Monate später, am 9. Oktober 1929 bringt ihn die Polizei wieder in die Anstalt Domjüch, da er angeblich zu Hause ein Beil mit ins Bett genommen habe, wodurch seine Frau sich bedroht fühlte. Danach bleibt er bis 1936 auf der Domjüch.

Am 15. April 1936 wird er in die Kückenmühler Anstalt verlegt und bleibt hier bis 1940. Kurz vor seiner Verlegung in die Heil- und Pflegeanstalt Sachsenberg reicht seine Frau Meta Niemax, geb. Gerstenberg, die Scheidung ein. In der Kückenmühler Anstalt fragt das Landgericht Neustrelitz am 22. Mai 1940 an, ob die Behauptung von Frau Niemax stimme, „daß der Beklagte seit 1929 in einem Maße geisteskrank sei, daß keine geistige Gemeinschaft mehr zwischen den Parteien bestehe. Eine Besserung sei in Zukunft nicht zu erwarten". Ein Antwortschreiben der Anstalt ist nicht mehr vorhanden, aber bereits ein Jahr vorher bestätigte der Chefarzt, dass der Zustand des Patienten unverändert schlecht sei. Er bedürfe weiterhin Anstaltspflege. Am 29. Juli 1940 erfolgt ein größerer Transport überwiegend mecklenburgischer Patienten in die Heil- und Pflegeanstalt Sachsenberg. Ernst ist dabei. Danach wird von ihm nicht mehr viel geschrieben. Sein Name taucht nur noch im Abgangsbuch der Anstalt Sachsenberg mit dem Vermerk „am 18.07.1941 in eine andere Anstalt verlegt" auf. Er ist einer von insgesamt neun ehemaligen Domjücher Patienten, die an diesem Tag zur Vergasung nach Bernburg gebracht werden. *(10)*

Die Befürchtungen von Dr. Schmidt, der Betrieb der Anstalt durch die Verlegungen in die Kückenmühle sei ernsthaft gefährdet, waren jedoch unbegründet. Bereits am 28. Mai 1936 kommen 11 Männer und 24 Frauen aus der Anstalt Gehlsheim zur Domjüch. Am 29. Oktober 1936 folgen 36 Männer und am 16. März 1937 weitere 28 Männer. Von dort kommt am 28. Mai 1936 unter anderen auch die Litauerin ***Petronella Lukaitis,*** geboren am 1. September 1887 in Rutzau, dem heutigen Rucava in Lettland. Petronella reiste 1919 mit einer deutschen Familie, in der sie als Hausmädchen arbeitete, nach Deutschland. In der Zeit vom 1. März 1930 bis 15. Dezember 1934 lebte sie in Klein Müritz bei Gelbensande und war dort bei einem Baron Emmerich von Offenburg als Kindermädchen angestellt. In einem Schreiben vom 26. Januar 1935 teilt der Landrat des Kreises Rostock mit, „daß sich seit 1928 in Kl. Müritz die Ausländerin Petronella Lukaitis aufhält. Sie ist nervenkrank und wurde am 15. Dezember 1934 aus sicherheitspolizeilichen Gründen der Nervenheilanstalt Gehlsheim zugeführt."

Die in Gehlsheim ausgestellte Krankenakte ist für anderthalb Jahre, die sie in dieser Anstalt verbringen wird, sehr kurz gehalten. Ganze drei Einträge sind zu finden: „15.12.34 Begleiter können keine Angaben machen. Verlegung nach Frauen B; 18.11.35 Liegt auf C.3. Station übergeben ... Pat. liegt in C. oben [...] Muss gepflegt werden, da sie sonst ihr Äußeres vernachlässigt; 26. 05. 36 Völlig unverändert; 28.05.36 Verlegt in die Anstalt Domjüch [...]" Viel umfangreicher werden die Einträge in ihrer Domjücher Krankenakte auch nicht. Am 11. Juli 1941 wird auch sie nach Bernburg verlegt. Am 26. Juli 1941 trifft beim Landesfürsorgeverband Güstrow ein Schreiben der Heil- und Pflegeanstalt Bernburg ein. Die Anstalt teilt mit, dass aus den Akten der hierherverlegten Petronella Lukaitis weder die Anschrift der Angehörigen noch Vormund oder Pfleger zu entnehmen sei. Es wird gebeten mitzuteilen, „ob und welche der genannten Personen dort bekannt sind". Der wohl leitende Mitarbeiter in Güstrow vermerkt handschriftlich auf diesem Brief: „Antworten, daß Angehörige der Petronella Lukaitis hier nicht bekannt sind, desgl. kein Pfleger oder Vormund [...] Güstrow d. 30.7.41." *(11)* Petronella wird 1941 ein Opfer der Euthanasie. Vermutlich erfuhr nie jemals ein Verwandter, soweit überhaupt vorhanden, etwas über den Tod Petronellas. Eine Anfrage an die Stadtverwaltung Rucava im Jahre 2018 ergab, dass Angaben über eine Familie Lukaitis nicht aufzufinden seien. Als spätes Gedenken wird ihr Name in den Gedenkbüchern in der Domjüch und der Gedenkstätte Bernburg einen würdigen Platz finden.

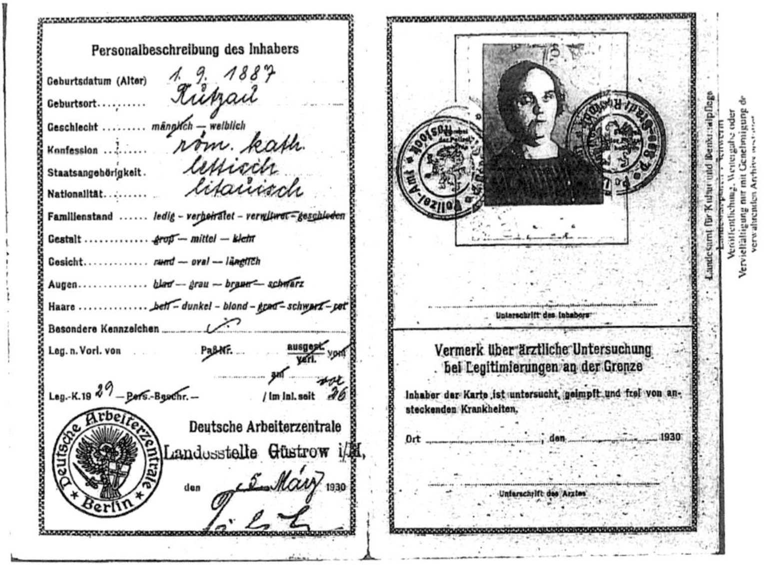

Personalbeschreibung des Inhabers

Geburtsdatum (Alter)

Geburtsort

Geschlecht .... männlich — weiblich

Konfession

Staatsangehörigkeit

Nationalität

Familienstand ...... ledig - verheiratet - verwitwet - geschieden

Gestalt .... groß — mittel — klein

Gesicht .... rund — oval — länglich

Augen .... blau — grau — braun — schwarz

Haare .... hell - dunkel - blond - grau - schwarz - rot

Besondere Kennzeichen

Leg. n. Vorl. von ... Paß-Nr. ... ausgest. vom / verl.

Leg.-K. 19 — Pers.-Beschr. — / Im Inl. seit

Deutsche Arbeiterzentrale Landesstelle Güstrow i/M.

den 1930

Unterschrift des Inhabers

Vermerk über ärztliche Untersuchung bei Legitimierungen an der Grenze

Inhaber der Karte ist untersucht, geimpft und frei von ansteckenden Krankheiten.

Ort ..., den ... 1930

Unterschrift des Arztes

Abbildung der Arbeiterlegitimationskarte von Petronella vom 5.3.1930

In den kommenden Jahren bis 1940 wird die Zahl der Neueinweisungen in die Heil- und Pflegeanstalt Domjüch stetig zunehmen. Insbesondere im Berichtszeitraum vom 1. April 1939 bis 31. März 1940 kommen 241 Kranke in die Anstalt. Nur 123 Kranke werden in diesem Zeitraum entlassen. Zu den Neuankömmlingen gehören auch wieder Patienten aus der Anstalt Gehlsheim, die am 5. und 6. September 1939 in der Domjüch ankommen. Wie es hieß, sei die Anstalt Gehlsheim im Zuge kriegsbedingter Maßnahmen zu zwei Dritteln geräumt worden. *(12)*

Im Einwohnermeldebuch der Stadt Neustrelitz aus dem Jahre 1940 findet man mit Datum vom 10. September insgesamt zehn Namen, die an diesem Tag in der Anstalt Domjüch aufgenommen werden. Woher sie kommen, ist nicht vermerkt. Es ist jedoch zu vermuten, dass es sich hier um die Ankunft von Patienten aus der Kückenmühler Anstalt handelte. Wie bereits erwähnt, wird diese im Juli 1940 geschlossen und alle Patienten in andere Anstalten verlegt. Die späte Ankunft am 10. September steht zwar hierzu im Widerspruch, aber nach Aussagen von Friedrich Bartels, der sich intensiv mit der Geschichte der Kückenmühle befasste, könnte es sich hier um Patienten aus Nebenanstalten der Kückenmühle handeln, die erst später geräumt wurden. Genährt wird diese Vermutung dadurch, dass unter den zehn in die Domjüch aufgenommenen Patienten auch der Name ***Anna Ziolkowski*** auftaucht. Ihre Lebensgeschichte konnte trotz fehlender Krankenakte fast vollständig rekonstruiert werden. Unter anderem ist im Landeshauptarchiv Schwerin in einer Akte des Landesfürsorge- und Landesarbeitshauses Güstrow ein Schriftverkehr zu einem Rechtsstreit zwischen dem Landesfürsorgeverband der Provinz Westfalen und dem mecklenburgischen Landesfürsorgeverband zu finden. Bei diesem Rechtsstreit sollte entschieden werden, wer die Unterbringungskosten der seit 1934 im bischöflichen Bildungs- und Pflegeheim Gescher/Westfalen lebenden Anna Ziolkowski zu tragen hätte. Aus diesem Schriftverkehr kann der Lebensweg von Anna ziemlich genau zurückverfolgt werden. Anna wurde am 23. Dezember 1915 in Weisdin geboren. Bereits vier Tage nach ihrer Geburt starb ihre Mutter. Der Vater war zu dieser Zeit im Krieg und kam vermutlich aus diesem nicht mehr zurück.

Man brachte die Halbwaise zunächst in eine protestantische Pflegefamilie nach Neustrelitz und am 21. Januar 1916 in das Borwinheim Neustrelitz. Da sie jedoch katholisch erzogen werden sollte (von wem diese Bitte kam, ist nicht bekannt), wechselte sie am 9. Juni 1919 in das katholische St. Elisabethheim Neustrelitz. Dort wuchs sie auf und besuchte auch die katholische Hausschule. Anna war in dieser Zeit wohl kein einfaches Kind. Die Ordensschwester Marie Wübbel beschreibt sie als kränklich und als „ständigen Pflegling“. Sie habe zwar manchmal der Küchenschwester geholfen, „aber man konnte sich

nicht auf sie verlassen bzw. sie war gar nicht in der Lage, ordnungsgemäß zu arbeiten."
Ein selbstständiges Leben außerhalb des Heimes traute man ihr nicht zu, sodass sie im Alter von 18 Jahren am 8. April 1934 in das bischöfliche Bildungs- und Pflegeheim Gescher in Westfalen verlegt wurde.
In Gescher wurde sie zunächst unentgeltlich versorgt, weil man hoffte, sie alsbald in einer Familie als Haushaltshilfe unterzubringen. Es stellt sich aber bald heraus, dass Anna weiter „anstaltspflegebedürftig" sei. In einem Gutachten des Anstaltsarztes von Gescher, Dr. Schmidt, wird Anna als „sehr schwierig" bezeichnet, sie sei „läppisch, zanksüchtig, schwatzhaft, lacht unmotiviert und stört durch ihr vorlautes Wesen". Sie soll sogar der aufsichtführenden Schwester ins Gesicht geschlagen haben und muss wegen hochgradiger Erregbarkeit isoliert werden. „Die Ausfälle auf intellektuellem Gebiet in Verbindung mit den Defekten auf dem Gebiet des Gemüts- und Willenlebens rechtfertige die Diagnose Schwachsinn. Sie fällt auch unter das Gesetz zur Verhütung erbkranken Nachwuchses". Zwangssterilisiert, wie dieses Gesetz es in einem solchen Fall verlangt, wird sie zumindest in Gescher nicht, wohl aber wird der Kreisarzt in Neustrelitz über Annas Schwachsinn im Sinne des Gesetzes zur Verhütung erbkranken Nachwuchses informiert.
Im Jahr 1937 entbrennt der oben genannte Rechtsstreit mit der Stadt Neustrelitz und später mit dem Landesfürsorgeverband Mecklenburg wegen der entstandenen Pflegekosten für Anna. Ein Jahr später wird dieser Streit gerichtlich dahingehend geklärt, dass der Landesfürsorgeverband Mecklenburg die entstandenen und künftigen Pflegekosten für Anna zu übernehmen hat. Anna muss darauf hin am 9. April 1938 auf Anweisung des Landrates des Kreises Stargard, Gescher verlassen und kommt, da sie weiterhin als schwachsinnig eingeschätzt

wird, in die Heil- und Pflegeanstalt Kückenmühle bei Stettin. Dort bleibt sie bis zur Auflösung der Anstalt im Jahre 1940. Informationen zu Annas Aufenthalt in der Kückenmühle sind bisher nicht weiter bekannt, da ihre dortige Krankenakte nicht mehr existiert.

Ehemaliges Pflegehaus für geisteskranke Jugendliche in Kückenmühle Vermutlicher Aufenthaltsort von Anna (Aufnahme 2018)

Der nächste Hinweis auf dem Verbleib von Anna stammt aus dem Einwohnermeldebuch der Stadt Neustrelitz des Jahres 1940. Aus diesem ist zu erkennen, dass Anna am 10. September 1940 aus Weisdin bei Neustrelitz in die Heilanstalt Domjüch mit dem Zusatz „krank“ gekommen ist. Es ist nicht klar, ob sie nach ihrer Entlassung aus der Kückenmühle wirklich für einige Zeit in Weisdin gelebt hatte oder vielleicht doch direkt aus der Kückenmühle in die Anstalt Domjüch gebracht wurde.
Anna blieb dann vermutlich bis zum Juli 1941 in der Domjücher Anstalt. Am 11. Juli 1941 wurde sie höchstwahrscheinlich

zusammen mit ca. 100 anderen Patienten der Domjüch in die Vergasungsanstalt Bernburg gebracht und noch am gleichen Tag ermordet. Als Todeszeitpunkt ist in der Geburtsurkunde der 23. Juli 1941 vermerkt. Das passt mit den Angaben der anderen Opfer, deren Todeszeitpunkt ebenfalls ca. 14 Tage später angegeben wurde, überein. Liest man die verschiedenen Beurteilungen und Gutachten der Ärzte und Pflegerinnen genauer durch, so entstehen Zweifel, ob Anna wirklich geisteskrank war. Sogar der Anstaltsarzt Dr. Schmidt schränkt in seiner Einschätzung ein, dass Anna zumindest „moralisch schwachsinnig sei". Vielleicht fügte sie sich nur nicht in das Bild einer „guten Volksdeutschen", weil sie unangepasst war und ihre eigene Vorstellung vom Leben hatte. Es reichte aber aus, ihrem Leben gewaltsam ein Ende zu setzen. *(13)*

4. Ein verhängnisvolles Schreiben

Der Umfang der Diskriminierungen psychisch und körperlich Kranker im Deutschen Reich erreicht mit Beginn des Zweiten Weltkriegs einen dramatischen Höhepunkt. Im Oktober 1939 beauftragt Adolf Hitler in einem privaten Schreiben seinen Leibarzt Dr. Carl Brandt und den Leiter der Reichskanzlei Philipp Bouhler damit, „die Befugnisse namentlich zu bestimmender Ärzte so zu erweitern, daß nach menschlichen Ermessen unheilbar Kranken bei kritischster Beurteilung ihres Krankheitszustandes der Gnadentod gewährt werden kann." *(1)* Das Datum seines Schreibens wird auf den Tag des Beginns des Zweiten Weltkriegs zurückdatiert, vermutlich um aufzuzeigen, dass es wichtig sei, dieses Problem kriegsbedingt zu lösen.

Hitlers Schreiben hatte keinerlei rechtliche Grundlage. Man wird zwar in den nächsten Jahren an einem „Euthanasiegesetz" arbeiten, es wird jedoch nie verabschiedet werden. Die Tötung von Psychiatriepatienten wird eine „streng geheime Reichssache" bleiben. Das bezeugt schon ein schriftlicher Vermerk auf Hitlers Ermächtigungsschreiben, wo der Justizminister Dr. Franz Gürtner am 27. August 1940, also fast ein Jahr später, die Übergabe des Schreibens von Bouhler bestätigt.

1939 entstand eine Organisation, die der Kanzlei des Führers zugeordnet war, also Hitler persönlich unterstand. Leiter dieser Abteilung wurde Viktor Brack (1904–1948), ein Wirtschaftsingenieur, der bereits 1929 in die NSDAP und die SS eingetreten war. Die in der Reichskanzlei ansässige Einrichtung teilte sich in vier verschiedene Tarnorganisationen auf. Die *„Reichsarbeitsgemeinschaft Heil- und Pflegeanstalten"*, die für die unten genannten Erfassungen und Beurteilungen zuständig war, die *„Gemeinnützige Krankentransport GmbH (Gekrat)"*, deren Aufgabe es war, den Transport der Kranken in die Vergasungsanstalten abzusichern, die *„Gemeinnützige Stiftung für Anstaltspflege"*, welche für die Besoldung der T4-Mitarbeiter und die Mittelbeschaffung zuständig war, und die *„Zentralverrechnungsstelle Heil- und Pflegeanstalten"*, die die Verantwortung für die Abrechnung der Pflegegelder mit den Kostenträgern trug.

Im Herbst 1939 begann man am Sitz der Organisation in der Tiergartenstraße 4 in Berlin, alle Patienten in deutschen Heilanstalten zu erfassen, die als chronisch krank, arbeitsunfähig sowie als „störend" galten. Die Mitarbeiter dieser Einrichtung schickten Meldebögen an alle psychiatrischen Anstalten des Reiches. Den Meldebögen lag ein Merkblatt bei, das die Kriterien für die Erfassung festlegte: „Zu melden sind sämtliche Patienten, die 1. an nachstehenden Krankheiten leiden <u>und</u> in den Anstaltsbetrieben <u>nicht</u> oder nur mit mechanischen Arbeiten (Zupfen, u. Ä.) zu beschäftigen sind: Schizophrenie, Epilepsie (wenn exogen, Kriegsdienstbeschädigung oder andere Ursachen angeben), senile Erkrankungen, Therapierefraktär Paralyse und andere Lues Erkrankungen, Schwachsinn jeder Ursache, Encephalitis, Huntington und andere neurologische Endzustände; oder 2. sich seit mindestens 5 Jahren dauernd in Anstalten befinden; oder 3. als kriminelle Geisteskranke verwahrt sind; oder 4. nicht die deutsche Staatsangehörigkeit besitzen oder nicht deutschen oder artverwandten Blutes sind unter Angabe von Rasse und Staatsangehörigkeit. Die für jeden Patienten einzeln aufzuführenden Meldeblätter sind mit laufenden Nummern zu versehen. Die Meldebogen sind nach Möglichkeit mit Schreibmaschine auszufüllen … *(2)*

Die Anstaltsärzte hatten diese Meldebögen auszufüllen und nach Berlin zurückzusenden. Dort fertigte man Kopien an und verschickte sie an jeweils drei ausgewählte Psychiater des Reiches mit der Aufforderung zu entscheiden, ob der Patient zu töten sei oder vorerst weiterleben durfte. Kamen die Meldebögen in die Zentrale zurück, entschied letztendlich der Obergutachter der Organisation T4 (benannt nach dem Standort Tiergartenstraße 4) über das endgültige Schicksal des betreffenden Patienten. Ein rotes Plus am unteren Ende des Meldebogens bedeutete den Tod, ein blaues Minus das Überleben, wenn auch nur vorerst. Meldebögen mit dem roten Kreuz gingen weiter an die „GEKRAT", die die Transporte der Patienten in die Vergasungsanstalten zu organisieren hatte.

Ende 1939 begannen die ersten Krankentötungen in der Euthanasieanstalt Brandenburg an der Havel. Anfangs war man sich uneinig, welche Tötungsmethode die effektivste sei. Man entschied sich letztendlich für die Vergasung der Patienten mit Kohlenstoffmonoxid. Neben Brandenburg entstanden in Pirna/Sonnenstein (Sachsen), in Hadamar (Hessen), in Grafeneck

(Baden-Württemberg) und Hartheim bei Linz im heutigen Österreich Vergasungsanstalten. Sogar die Domjücher Anstalt war kurzfristig als mögliche Vergasungsanstalt im Gespräch. Im November 1939 besuchte Dr. Hans Hefelmann, der Leiter des Hauptamtes II b der Reichskanzlei, die Anstalt, um zu prüfen, ob diese für die Vernichtung von Patienten geeignet sei. Er stellte jedoch fest, dass die Gegebenheiten in der Domjüch als Vernichtungsanstalt nicht geeignet seien. Sie sei zu klein, ein Krematorium stand nicht zur Verfügung. Auch die Verkehrsanbindung reichte für eine solch „große Aktion" nicht aus. *(3)*

Im Jahre 1940 zieht die Vergasungsstätte Brandenburg nach Bernburg in Sachsen-Anhalt um. Ab diesem Zeitpunkt ist Bernburg unter anderem zuständig für die Patienten der mecklenburgischen Heil- und Pflegeanstalten. In dieser werden bis zum Ende der offiziellen Aktion T4 im August 1941 9.385 Patienten getötet. Später werden hier noch im Rahmen der Aktion 14f13 (Ermordung von KZ-Häftlingen) eine große Anzahl von Menschen ermordet.

Insgesamt werden in den sechs Vernichtungsanstalten des Reiches von Ende 1939 bis zur Einstellung der zentralen Euthanasieaktion im August 1941 über 70.000 Menschen ihr Leben verlieren. *(4)* Die „Aktion T4" war der erste Massenmord im Dritten Reich.

5. Alma Franke, das erste Domjücher Euthanasieopfer?

Am 4. Januar 2016 fragte eine spätere Angehörige beim Verein zum Erhalt der Domjüch – ehemalige Landesirrenanstalt e. V. an, ob und wie lange die Schwester ihrer Schwiegermutter ***Alma Franke*** in der Landesirrenanstalt Domjüch untergebracht war.

Sie wollte außerdem wissen, wann sie starb, wo sie beerdigt worden ist und welche Behinderung sie in die Anstalt gebracht hatte. Daraufhin erfolgte Recherchen ergaben, dass im Bundesarchiv eine recht umfangreiche Akte existiert, aus der hervorgeht, dass sie viele Jahre Patientin in der Anstalt Domjüch war.

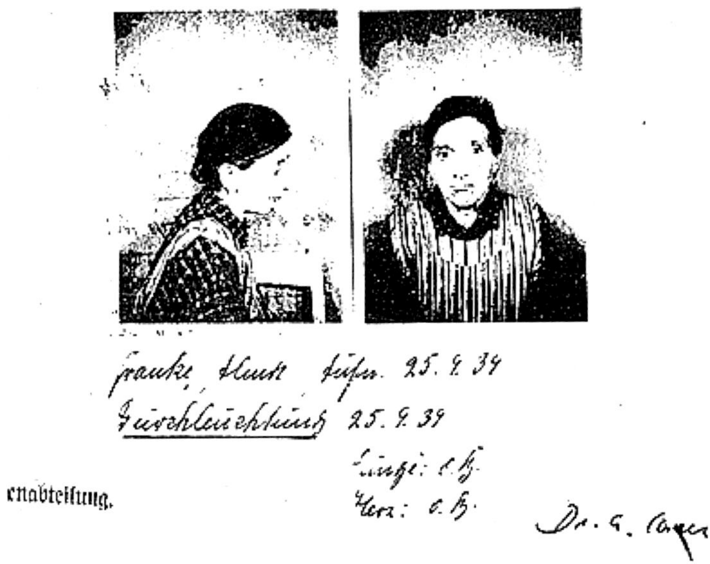

Alma Franke (Aufnahme aus dem Jahre 1939)

Anhand dieser Akten konnten die letzten zwölf Jahre ihres Lebens und letztendlich ihr gewaltsamer Tod in Brandenburg an der Havel rekonstruiert werden. Alma wurde am 10. März 1888 als erstes Kind von Auguste Mathilde Christiane Franke, geb. Markau und August Hermann Friedrich Franke in Menz bei Rheinsberg geboren. Über ihr Leben vor dem Ausbruch ihrer Geisteskrankheit ist aus den Krankenakten nicht viel zu entnehmen, außer vielleicht, dass sie bis dahin wohl im elterlichen Haus gewohnt hat und unverheiratet war. Ihre Geisteskrankheit begann im Jahre 1928 im Alter von 40 Jahren, worauf sie in die

Heil- und Pflegeanstalt Neuruppin eingewiesen wurde. Dort war sie vom 12. November 1928 bis 11. April 1929. Am 11. April 1929 wurde sie „entgegen dem ärztlichen Rat“ ungeheilt zu ihrer Schwester Frieda nach Menz entlassen, vermutlich in der Hoffnung, dass Alma in ihrem Elternhaus eher gesund werden würde, als in der Heilanstalt Neuruppin. Leider schlug dieser Versuch „trotz Hilfe einer Extrapflegerin aus Berlin“ fehl, denn schon am 19. April 1929 brachte ein Onkel Alma in die Heil- und Pflegeanstalt Domjüch. Vermutlich war der Schwester der gute Ruf dieser Anstalt zu Ohren gekommen, denn nach Neuruppin wollte sie Alma nicht mehr zurückbringen. Alma blieb von da an mit der Diagnose „Schizophrenie“ und „Katatonie“ (schwere geistige Behinderung mit zunehmenden Bewegungsstörungen) bis zum 21. September 1939 in der Heil- und Pflegeanstalt Domjüch.
An diesem Tag wird sie von zwei Pflegerinnen auf der Domjüch abgeholt und in die Heil- und Pflegeanstalt nach Neuruppin gebracht. Danach sind in der Krankenakte nur noch ein Untersuchungsbericht vom Tage ihrer Einlieferung und eine Anzeige des Direktors der Heilanstalt Neuruppin an den Amtsarzt aufgrund des Gesetzes zur Verhütung erbkranken Nachwuchses enthalten. Die hier vorgesehene Sterilisation wurde aber aufgrund ihres Alters abgelehnt. Mit Datum vom 14. November 1939 endet die (offizielle) Krankengeschichte von Alma in Neuruppin. *(1)*

Den nächsten Hinweis auf den Verbleib von Alma findet man im Brandenburgischen Landesarchiv Potsdam. Dort existiert unter anderem auch eine Transportliste, auf denen Patienten der Heil- und Pflegeanstalt Neuruppin verzeichnet sind, die am 20. September 1940 von Neuruppin in die Landesheilanstalt Brandenburg „verlegt“ und dort vermutlich am gleichen Tag umgebracht wurden. Auf dieser Liste ist mit der Nummer 13 auch der Name Alma Franke zu finden. *(2)* Einen letzten Hinweis findet man im Kirchenbuch der Gemeinde Menz aus dem

Jahre 1940, welches im Pfarramt Menz aufbewahrt wird. In diesem ist der Beerdigungseintrag von Alma zu finden. Als offizieller Todestag wird hier der 4. Oktober 1940 aufgeführt und als Todesursache „Lungenentzündung, gestorben in der Anstalt Brandenburg" genannt.

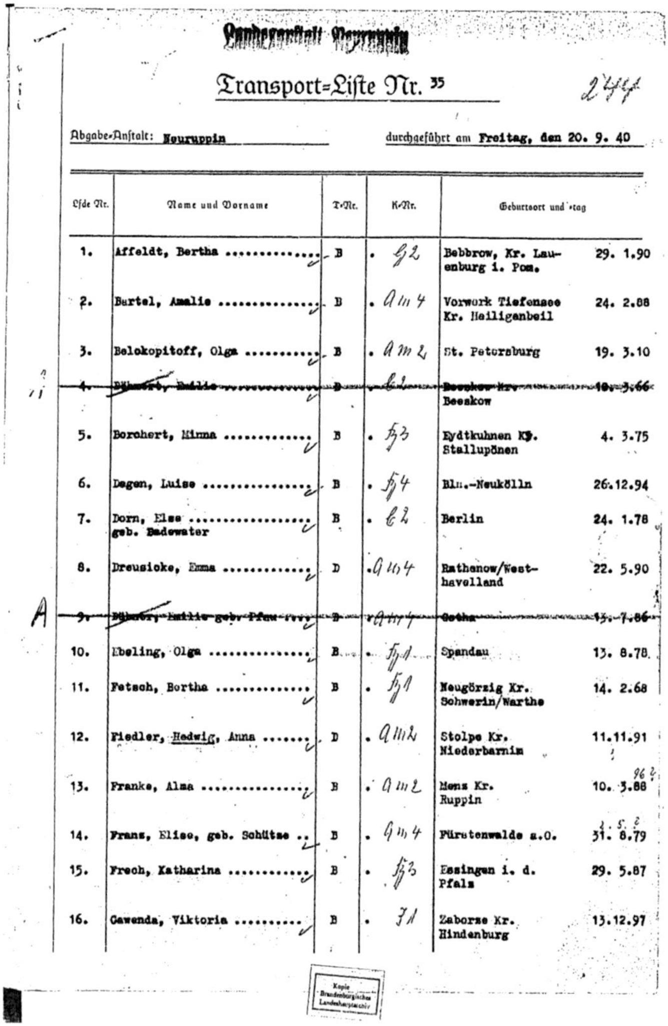

Landesanstalt Neuruppin

Transport-Liste Nr. 35 244

Abgabe-Anstalt: Neuruppin durchgeführt am Freitag, den 20. 9. 40

Lfde Nr.	Name und Vorname	T-Nr.	K-Nr.	Geburtsort und -tag	
1.	Affeldt, Bertha	B	G2	Bebbrow, Kr. Lauenburg i. Pom.	29. 1.90
2.	Bartel, Amalie	B	am4	Vorwerk Tiefensee Kr. Heiligenbeil	24. 2.88
3.	Belokopitoff, Olga	B	am2	St. Petersburg	19. 3.10
~~4.~~	~~[illegible]~~	~~B~~	~~[illegible]~~	~~Beeskow Kr.~~ Beeskow	~~10. 3.66~~
5.	Borchert, Minna	B	fj3	Eydtkuhnen Kr. Stallupönen	4. 3.75
6.	Degen, Luise	B	fj4	Bln.-Neukölln	26.12.94
7.	Dorn, Else geb. Badewater	B	e2	Berlin	24. 1.78
8.	Dreusicke, Emma	D	am4	Rathenow/Westhavelland	22. 5.90
~~9.~~	~~[illegible] geb. [illegible]~~	~~B~~	~~am4~~	~~Gotha~~	~~13. 7.86~~
10.	Ebeling, Olga	B	fj1	Spandau	13. 8.78
11.	Fetsch, Bertha	B	fj1	Neugörzig Kr. Schwerin/Warthe	14. 2.68
12.	Fiedler, Hedwig, Anna	D	am2	Stolpe Kr. Niederbarnim	11.11.91
13.	Franke, Alma	B	am2	Menz Kr. Ruppin	10. 3.88
14.	Franz, Elise, geb. Schütze	B	am4	Fürstenwalde a.O.	31. 8.79
15.	Frech, Katharina	B	fj3	Essingen i. d. Pfalz	29. 5.87
16.	Gawenda, Viktoria	B	71	Zaborze Kr. Hindenburg	13.12.97

Kopie Brandenburgisches Landeshauptarchiv

Transportliste Nr. 35 mit Almas Namen

Die Urne mit der angeblichen Asche von Alma Franke wird am 29. Oktober 1940 auf dem Friedhof in Menz beigesetzt. Was die Angehörigen nicht wissen: in der Urne, die der Schwester aus Brandenburg zugeschickt wurde, war mit Sicherheit nicht die Asche von Alma enthalten, sondern vermutlich die anderer in Brandenburg getöteter Patienten.

6. Ein einfaches Formular mit schrecklichen Folgen

Im Sommer 1940 bekam auch die Heil- und Pflegeanstalt Domjüch Post aus der Berliner Tiergartenstraße 4. Enthalten waren eine größere Anzahl von zwei verschiedenen Meldebögen und das bereits erwähnte Merkblatt mit Anweisungen zum Ausfüllen der Formulare. Für jeden infrage kommenden Patienten war der Meldebogen 1 auszufüllen. Im Meldebogen 2 waren Angaben zur Anstalt selbst zu machen.

Verantwortlich für die Bearbeitung der Meldebögen waren die beiden Anstaltsärzte Dr. Schmidt und Dr. Hecker. Glaubt man den Aussagen der Ehefrau von Dr. Hecker, wussten sowohl Dr. Schmidt als auch ihr Mann anfangs nicht, wozu die Meldebögen dienten. *(1)* Von anderen Anstaltsärzten, die die gleichen Meldebögen auszufüllen hatten, wird es später heißen, sie hätten vermutet, das Reich suche geeignete Arbeitskräfte aus den Anstalten. Daher wurden für Patienten oft ungünstige Diagnosen gestellt, in der Hoffnung, sie als geeignete Arbeiter in der Anstalt behalten zu können. Ein tödlicher Irrtum.

Für die beiden Domjücher Anstaltsärzte bleibt für das Ausfüllen der Meldebögen vermutlich wenig Zeit. In der Regel wurde den Ärzten eine Bearbeitungsfrist von lediglich 10 bis 14 Tagen eingeräumt. *(2)* Wie viele ausgefüllte Meldebögen letztendlich aus der Domjücher Anstalt zurückgeschickt wurden, ist nicht bekannt. Es müssen aber weit über einhundert gewesen sein, denn mit der laufenden Nummer 177 wird vermutlich Dr. Schmidt (die Unterschrift ist nur mit einem Kürzel „S" versehen) am 29. Juli 1940 einen Meldebogen für ***Max Gabriel*** ausfüllen. Er ist vermutlich der einzige originale Meldebogen eines Domjücher Patienten, der erhalten geblieben ist. Er befindet sich in der Krankenakte von Max, in der bereits seine Verfahrensakten zur Zwangssterilisation enthalten sind (siehe Kapitel 2). Es wird deutlich, welche Fragen für die späteren Gutachter besonders wichtig waren und warum Max dadurch sein Leben verlor. Sie lauteten: „Bestand bei dem Patienten eine Aussicht auf Heilung?" und „Kann der Patient einer Beschäftigung nachgehen?", wobei man die „genaueste Bezeichnung der Arbeit und der Arbeitsleistung" erfahren wollte. Die dritte wichtige Frage bezog sich darauf, ob der Patient Besuch von Angehörigen bekam.

Betrachtet man den ausgefüllten Meldebogen von Max genauer, dann wird sehr schnell klar, dass er letztendlich kaum Chancen hatte, seiner späteren Ermordung im Rahmen der Aktion T4 zu entgehen. Im Meldebogen heißt es, er sei „abgestumpft, leide an Mangel an Antrieb [...], sprachlicher Inkohärenz und Manieren". Die bei ihm diagnostizierte Schizophrenie sei im Endzustand, eine Therapie erfolge nicht mehr. Mit einer baldigen Entlassung sei nicht zu rechnen. Die Antwort auf die Frage nach der Art der Beschäftigung fällt auch kurz aus: „ohne Beschäftigung". Außerdem bekomme er keinen Besuch und auch ein Vormund oder Pfleger sei nicht bekannt. *(3)* Das spätere Urteil der Gutachter ist auf dem Meldebogen nicht vermerkt. Vermutlich wird es aber eindeutig gewesen sein, denn Max wird auf der Transportliste der GEKRAT stehen, welche den Ärzten der Domjücher Anstalt knapp ein Jahr später im Frühsommer 1941 zugeschickt wird. Neben den Namen von vermutlich 100 Patienten wird auch der Tag des Abtransportes benannt: der 11. Juli 1941.

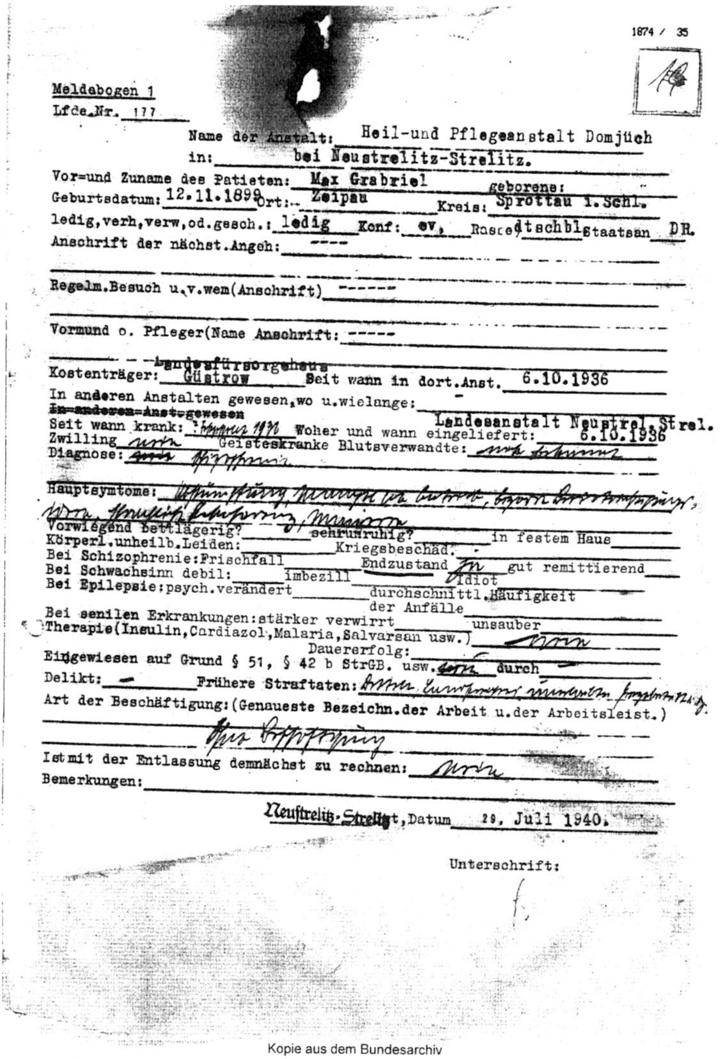

1874 / 35

Meldebogen 1
Lfde.Nr. 177

Name der Anstalt: Heil-und Pflegeanstalt Domjüch
in: bei Neustrelitz-Strelitz.
Vor=und Zuname des Patieten: Max Grabriel geborene:
Geburtsdatum: 12.11.1899 Ort: Zeipau Kreis: Sprottau i.Schl.
ledig,verh,verw,od.gesch.: ledig Konf: ev. Rasse: dtschbl Staatsan: DR.
Anschrift der nächst.Angeh: ----

Regelm.Besuch u.v.wem(Anschrift) ------

Vormund o. Pfleger(Name Anschrift: -----

Kostenträger: ~~Landesfürsorgeheus~~ Güstrow Seit wann in dort.Anst. 6.10.1936
In anderen Anstalten gewesen,wo u.wielange: -
~~In anderen Anst. gewesen~~ Landesanstalt Neustrel.Strel.
Seit wann krank: [illegible] 1936 Woher und wann eingeliefert: 6.10.1936
Zwilling nein Geisteskranke Blutsverwandte: [illegible]
Diagnose: [illegible]

Hauptsymtome: [illegible]
Vorwiegend bettlägerig? sehr unruhig? in festem Haus
Körperl.unheilb.Leiden: Kriegsbeschäd.
Bei Schizophrenie:Frischfall Endzustand [illegible] gut remittierend
Bei Schwachsinn debil: imbezill Idiot
Bei Epilepsie:psych.verändert durchschnittl.Häufigkeit der Anfälle
Bei senilen Erkrankungen:stärker verwirrt unsauber
Therapie(Insulin,Cardiazol,Malaria,Salvarsan usw.) nein
Dauererfolg:
Eingewiesen auf Grund § 51, § 42 b StrGB. usw. nein durch
Delikt: - Frühere Straftaten: [illegible]
Art der Beschäftigung:(Genaueste Bezeichn.der Arbeit u.der Arbeitsleist.)
[illegible]
Ist mit der Entlassung demnächst zu rechnen: nein
Bemerkungen:

Neustrelitz-Strelitz, Datum 29. Juli 1940.

Unterschrift:

Kopie aus dem Bundesarchiv

Meldebogen von Max Gabriel

7. Der Schicksalstag für etwa 100 Domjücher Patienten

Im Archiv der *Bundesbeauftragten für die Unterlagen des Staatssicherheitsdienstes der ehemaligen Deutschen Demokratischen Republik* in Berlin existiert eine umfangreiche Prozessakte gegen Prof. Dr. Ernst Braun am Strafgericht Schwerin vom 12. September 1950. In diesem Prozess sollte geklärt werden, ob der ehemalige Chefarzt der Heil- und Pflegeanstalt Gehlsheim bei Rostock wissentlich Euthanasieverfahren durch Aufstellung von Transporten Kranker in verschiedene Vernichtungsanstalten unterstützt hat. Am 23. Oktober 1950 wurde er freigesprochen, weil man nicht nachweisen konnte, dass von Gehlsheim aus direkt Transporte in die Vernichtungsanstalten abgingen. In der Urteilsbegründung erwähnt der Vorsitzende Richter jedoch die Anstalt Domjüch, wonach „aus den Bekundungen der Zeugen hervorgeht, dass von Domjüch aus Transporte nach Bernburg gingen." *(1)*. Wohl um diese Feststellung zu untermauern, findet man in dieser Akte erstaunlich viele Zeugenaussagen von ehemaligen Domjücher Pflegern, Wärtern der Strafanstalt Strelitz und Angehörigen ehemaliger Opfer.

Von besonderer Bedeutung war hierbei die Frage, ob die Vernommenen persönlich bezeugen können, dass von der Heil- und Pflegeanstalt Domjüch Transporte von Patienten in die Vernichtungsanstalt Bernburg abgingen. Die Zeugenaussagen selbst waren sehr widersprüchlich, manchmal wurden auch nur Vermutungen geäußert oder Gerüchte weitergegeben. So schreibt der Leiter der Kriminalpolizei beim Volkspolizeiamt Neustrelitz am 31. Juli 1950 an das ermittelnde Volkspolizeipräsidium Rostock: „Mit Sicherheit sind von hier [Domjüch-R. S.] 2 Transporte mit einmal 140 oder dann etwa

100 Personen nach dort [Bernburg-R. S.] mit der Bahn transportiert worden." Der ehemalige Pfleger Wilhelm Helm sagte in einer Zeugenvernehmung am 2. August 1950 aus: „Während des Krieges wurde ein Transport von mindestens 50 Personen durch die Ärzte ausgesucht. Diese wurden dann durch uns zur Bahn in Strelitz-Alt gebracht und dort verladen. In dem Zug war Personal, welches die Kranken übernahm. Woher das Personal war und wohin die Reise ging, wusste ich damals nicht, habe aber später durch die Benachrichtigung der Angehörigen erfahren, daß diese Kranken in Bernburg gestorben sind."
Der Pfleger Friedrich Frank gab zwei Tage später zu Protokoll: „So viel mir noch in Erinnerung ist, gingen von Domjüch 3 Transporte weg, u. a. einer nach Bernburg, es kann ungefähr Anfang des Krieges gewesen sein. Ein genaues Datum kann ich heute nicht mehr angeben [...]. Als der Transport damals abging, erhielt der Oberpfleger Hoffmann am Abend vorher eine Liste der zu verlegenden Patienten. Es können ungefähr 60 Patienten, Männer und Frauen gewesen sein."
Recht umfassend schildert der als Verwaltungsangestellter auf der Domjüch tätig gewesene Adolf Dörnberg seine Erinnerungen an einen Patiententransport nach Bernburg: „Ich weiß jedoch, daß im Jahre 1940 oder 1941 ein Transport von etwa 140 männlichen und weiblichen Kranken insgesamt eines Morgens in aller Frühe etwa gegen 3:00 Uhr in zwei Omnibussen zum Bahnhof Strelitz-Alt gebracht und dort in einem bereitstehenden Zug, an dem 2 Waggons angehängt waren, verladen wurden [...]. Vor dem Abgang dieses Transportes war uns vom Chefarzt Dr. Schmidt ausdrücklich verboten worden, hierüber zu sprechen. Später habe ich dann gesprächsweise erfahren, daß dieser Transport nach Bernburg/Sa. gegangen war. Dort sollen die Kranken dann vergast worden sein [...]. Von weiteren Transporten, die die Anstalt nach Bernburg oder nach anderen Orten verlassen haben, ist mir nichts bekannt."

Dass im Sommer 1941 Kranke die Anstalt in Richtung Bernburg verlassen haben, bestätigten auch der Maschinist Otto Lemke („im Sommer 1941 etwa 50–60 Kranke") und der ehemalige Pfleger Paul Staffeld („Der Transport betrug ca. 150 bis 180 Personen männlichen und weiblichen Geschlechts"). Recht genau konnte sich der ehemalige Pfleger Georg Glaewe an die Ereignisse auf der Domjüch erinnern: „Im Sommer 1941 oder 42 hatte der Oberpfleger Hoffmann eine Liste von Dr. Schmidt erhalten, auf der etwa, soweit ich mich noch erinnern kann, 100 Kranke standen, die zu einer anderen Pflegeanstalt nach Bernburg/Sa. verlegt werden sollten [...]. Bei diesen Kranken handelte es sich um lauter unheilbar Kranke, die durch den Chefarzt Dr. Schmidt ausgesucht waren. Ein Teil dieser Kranken wurden in 2 Omnibussen zur Bahn gebracht, der Rest ging zu Fuß. Ich selbst bin in einem der Omnibusse mitgefahren. Auf dem Bahnhof stand ein Zug mit 3-4 D-Zug-Wagen, dabei war uns unbekanntes Personal in weißen Kitteln und Stiefeln [...]. Ich hatte den Verdacht, daß es sich nicht um Pflegepersonal, sondern um SS-Leute handelt, die auch die dementsprechende Größe hatten. Nach einigen Tagen standen dann bereits drei dieser verlegten Kranken als verstorben in der Zeitung, trotzdem diese Leute keineswegs, nach ihrem Gesundheitszustand zu urteilen, so kurz vor dem Tode standen. Von den in Neu- bzw. Alt-Strelitz beheimateten Kranken ist keiner wieder zurückgekommen."

Als Zeugen in dem o. g. Prozess wurden auch Angehörige von Opfern vernommen. So sagte der Vater des ermordeten ***Karl Strasen*** am 4. August 1950 aus, dass er gegen Ende Juli 1941 von der Domjücher Pflegerin Frau Glöcking erfahren habe, dass die Kranken alle verlegt werden sollen. „Sie sagte, wenn sie ihren Sohn nochmals sprechen wollen, gehen sie schnell zur Anstalt ..." Dort bestritt man jedoch, dass auch nur ein Kranker verlegt werden würde. „Am nächsten Morgen sah ich,

daß doch Transporte mit Auto und auch zu Fuß zum Bahnhof gingen. Ich ging mit meiner Frau zum Bahnhof und fragte dort das zum Zug gehörende Personal, ob ich meinen Sohn sprechen dürfte … Ich sprach dann noch ganz kurz meinen Sohn, habe aber weder von ihm noch von dem Personal erfahren, wohin es ging."
Einige Tage nach der Verlegung, erhielt der Vater aus der Heil- und Pflegeanstalt Bernburg den Bescheid, dass sein Sohn Karl an Magenkrebs gestorben sei. „Er war aber vorher nicht Magenkrank und meiner Meinung war diese Todesursache nur eine Vortäuschung."

Die Ehefrau des ermordeten Patienten ***Albert Marquardt*** gibt zu Protokoll, dass ihr Mann Anfang Juli 1941 mit einem Transport nach Bernburg gekommen sei. Sie habe auch von der Anstalt Bernburg einen Bescheid über seine Ankunft mit dem Transport erhalten. Noch im gleichen Monat bekam sie die Nachricht, dass ihr Mann plötzlich an Ruhr und Kreislaufstörung gestorben sei.

So unterschiedlich die jeweiligen Aussagen im Rahmen dieses Prozesses auch waren, so ist doch letztendlich unstrittig, dass von der Anstalt Domjüch mindestens ein Transport nach Bernburg ging. Und es wird deutlich, dass zumindest die Ärzte, aber auch einige Pflegerinnen und Pfleger vermuteten, was mit den Kranken passieren wird.

Dass wir heute zumindest einen genauen Tag für den Abtransport von Patienten in die Vernichtungsanstalt Bernburg kennen, ist aus den noch vorhandenen Krankenakten aus dem Bundesarchiv Berlin zu entnehmen. Denn in allen Krankenblättern steht hier als letzter Eintrag, der von Dr. Schmidt vorgenommen wurde: „11.VII.41 ungeheilt entlassen".

Der 11. Juli 1941 war mit hoher Wahrscheinlichkeit der Tag, an dem vermutlich um die einhundert Patienten in aller Frühe von der Domjüch abgeholt und zum Bahnhof Strelitz-Alt gebracht wurden. Es war ein Großteil der Patienten, über die gut ein Jahr vorher Meldebögen nach Berlin geschickt worden waren.

Außerdem wurden am gleichen Tag noch etwa 30 Personen aus der Strafanstalt Strelitz zusammen mit den Domjücher Patienten nach Bernburg gebracht. Leider gibt es weder Namen noch Hinweise zur genauen Anzahl.

Das weitere Schicksal der Patienten nach der Abfahrt des Zuges aus Strelitz-Alt ist bis heute nicht bis ins letzte Detail nachvollziehbar. Mit großer Wahrscheinlichkeit fuhr der Zug direkt nach Bernburg, wo die Patienten noch am gleichen Tag vergast wurden. Einen konkreten Beweis dafür gibt es allerdings nicht. Denn im Kalender des Bernburger Euthanasiearztes Dr. Irmfried Eberl, der akribisch jeden Transport vermerkte, findet man für den 11. Juli 1941 keinen Eintrag über die Ankunft von Patienten aus der Domjüch. Andererseits gibt es aber auch keinerlei andere Hinweise, wonach zum Beispiel die Domjücher Patienten erst in eine andere (Zwischen-) Anstalt gebracht wurden, wie es damals üblich war. So muss man derzeit davon ausgehen, dass in den Nachmittagsstunden des 11. Juli 1941 mit den Domjücher und Strelitzer Patienten genau das geschah, was Frau Dr. Ute Hoffmann, die Leiterin der Gedenkstätte Bernburg, exemplarisch in ihrem Beitrag auf dem Symposium zum Sachsenberg am 25. Januar 2007 *„Transport in den Tod – die Verlegung von Patienten in die „Euthanasie“-Anstalt Bernburg“* ausführte: „Nach dem Verlassen der Transportbusse [auch die Domjücher müssen mit einem Bus angekommen sein, denn es gab keinen Bahnanschluss an die Bernburger Anstalt – [Anm. d. Autors.] betraten die Menschen zunächst das Erdgeschoß über der Gaskammer und dem Krematorium. Nach dem Entkleiden wurden die Kranken einem Arzt vorgestellt, der sie kurz begutachtete, manchmal ein Wort sprechen ließ und sich in dieser Zeit für eine der fingierten Todesursachen entschied, die in der Sterbeurkunde angegeben wurde. Danach wurden sie fotografiert. In Gruppen von 60 bis 75 Menschen führte das Pflegepersonal die Kranken in den Keller und dort unter dem Vorwand des Duschens in die Gaskammer […] In dem kleinen Raum mit einer Grundfläche von 13,78 m^2 standen die Menschen dann dicht gedrängt. Drei bis fünf Minuten lang strömte Kohlenmonoxid-Gas ein, bis eine tödliche Konzentration erreicht war. Das Umlegen des Hebels, das zum Einströmen des Kohlenmonoxid-Gases führte, wurden in der „Euthanasie"-Anstalt Bernburg sowohl von Ärzten als auch von den als „Desinfektoren" bezeichneten Leichenbrennern vorgenommen […] Einige der Kranken waren ruhig, standen zum Teil auch noch unter dem Einfluss von Medikamenten. Andere wehrten sich, schrien und schlugen in Todesangst gegen die Türen. Die Gaskammer blieb etwa eine Stunde lang verschlossen. Bevor der Raum wieder geöffnet wurde, saugte eine Entlüftungsanlage das Kohlenmonoxid-Luftgemisch ab […] Danach begannen die Leichenbrenner, die verkrampften Körper zu trennen und aus der Gaskammer zu tragen. Einige der Toten wurden auf Wunsch des stellvertretenden Arztes seziert […] Zur gleichen Zeit transportierten die Leichenbrenner die anderen Toten zunächst in den sich anschließenden Leichenraum, bevor im benachbarten Krematorium die Verbrennung in zwei stationären Öfen erfolgte." *(2)*

Für die Domjücher Patienten findet man in verschiedenen Dokumenten zahlreiche Indizien für eine Ermordung in Bernburg, die um den 11. Juli 1941 herum erfolgt sein muss. Schon am 11. Juli 1941 teilt Dr. Schmidt dem Landesfürsorgeamt Güstrow mit, dass am gleichen Tag 18 seiner Patienten, deren Aufenthalt in der

Domjüch vermutlich von der Fürsorgeanstalt bezahlt wurde, in eine andere Anstalt verlegt wurden, die ihm nicht bekannt sei. *(3)*

Historische Aufnahme der Garage in der Anstalt Bernburg

Ein weiteres Indiz ist auf den Krankenakten zu finden, die den Transporten mitgegeben und danach später in der Tiergartenstraße 4 archiviert wurden. Es handelt sich hier um die sogenannte Z-Nummer, die Personenidentifikationsnummer der T4-Zentrale in Berlin. Diese Nummer bekamen alle Patienten, die von den ärztlichen Gutachtern bei der Meldebogenselektierung beurteilt wurden. Anhand dieser Nummern konnte auf eine separate Registerkartei für jeden Patienten in der T4-Zentrale zurückgegriffen werden.

Einen konkreten Hinweis findet man auch oft in den vorhandenen Geburtsurkunden einiger Euthanasieopfer. So ist auf der Geburtsurkunde des 1881 geborenen ***Wilhelm Müller*** als Randnotiz vermerkt: „Verstorben am 20.7.41 in Bernburg Nr. 211 Bernburg." *(4)* Wilhelm Müller war ein „besonderer" Patient auf der Domjüch. Er kam bereits im Juni 1907 im Alter von

27 Jahren in die Anstalt. 1916 beginnt er hier zu malen. Die Ärzte und Pfleger unterstützen ihn dabei und geben ihm Malstifte und Papier, weil sie sich erhofften, dass sich sein psychisches Leiden dadurch bessern würde. So malte er zwischen 1916 und 1918 vermutlich über 110 Bilder. Sei beliebtestes Motiv war der Blick aus seinem Zimmer in Haus Männer I auf den Domjüchsee. „Achtundvierzigmal hat Wilhelm Müller innerhalb von zwei Jahren den Blick auf dem Domjüch-See festgehalten, den er aus dem Fenster seines Zimmers der Mecklenburg-Strelitzschen Landesirrenanstalt Domjüch hatte. Es ist immer wieder derselbe Ausschnitt. Die Serie beginnt mit der Federzeichnung „Domjüch, Jan.1916". *(5)* Das letzte Bild dieser Reihe ist datiert auf den 19. Januar 1918. Danach verliert sich seine Spur. Erst der Vermerk auf seiner Geburtsurkunde verrät sein späteres Schicksal. Seine Bilder aber blieben erhalten. Der Verein zum Erhalt der Domjüch bekam 2013 zahlreiche Kopien seiner Werke aus der Sammlung Prinzhorn der Psychiatrischen Universitätsklinik Heidelberg. Diese Bilder können heute in der zweiten Etage des Hauses Männer I besichtigt werden.

Wilhelm Müller. Blick auf dem Domjüchsee vom 17. März 1917

Auf anderen Geburtsurkunden von ehemaligen Patienten ist oft auch das Standesamt Bernburg II vermerkt. Es war das eigens für die Vernichtungs-Anstalt eingerichtete Standesamt.

Die Angehörigen bekamen meist erst einige Zeit später die Nachricht vom Tod ihrer Verwandten. Neben der wahren Todesursache erfuhren sie auch nie den tatsächlichen Todestag. Letzteres hatte zwei Gründe: Zum einen wollte man verschleiern, dass zahlreiche am 11. Juli 1941 verlegte Patienten noch am gleichen Tag starben und zum anderen wollte man für die Zeit zwischen der Patiententötung und dem angegebenen Todesdatum (in der Regel ca. 14 Tage später) noch die Verpflegungsgelder der Kostenträger (z .B. Fürsorgeämter, Angehörige) kassieren. Mit diesen Geldern wurden unter anderem die laufenden Kosten der Vernichtungsaktion T4 gedeckt.

In den Neustrelitzer Zeitungen zwischen dem 27. Juli und dem 31. August 1941 findet man insgesamt acht Todesanzeigen von Menschen aus Neustrelitz und Umgebung, die Patienten auf der Domjüch waren und in Bernburg getötet wurden. So liest man in der Todesanzeige für den Müller und Bäcker ***Karl-Friedrich Kreienbrink*** aus Woldegk vom 27. Juli 1941, dass er „plötzlich und unerwartet am 22. Juli in Bernburg im Alter von 31 Jahren verstorben sei." Auf der gleichen Seite steht auch die Todesanzeige von ***Else Reglin*** aus Carwitz bei Feldberg.

Todesanzeigen in der Neustrelitzer Zeitung ▶

...o sprach: ...kommenen ... an, seine unwider-

Aus dem Saal wurde Verschiedenes gerufen, das wir besser unerwähnt lassen. Der Vorsitzende stand steif auf, klingelte und sagte betont liebenswürdig zu Emil: „Ich bitte den Herrn Redner, jetzt zum Thema zu kommen." „Ueber Thema

Nase und seggt: „Aihwaih! Die sennen schun angebrietet ... vielleicht faul ..."

„Kommen Sie zum Schluß!" brüllt der Vorsitzende.

die Eiererzeugung: einen ausgezeichneten ...keitserfolg. Er war schon, in steigender ... zweiten Hauptstück seiner seriösen Ausfü... angelangt, als man ihn auf das Mißver... aufmerksam machte und die Redner umto...

Stellen-Angebote

Kochlehrling
stellt zum 1. August 1941 ein
Landeskrankenhaus Carolinenstift, Neustrelitz. (7300

Hausgehilfin
für Privathaushalt nach Berlin-Friedenau gesucht. Vorstellung v. 9—10 u. nachm. von 7—8 Uhr.
Dannhoff,
Hotel Stübinger, (7301
Neustrelitz, Tiergartenstraße.

Bienenschwärme
sucht zu kaufen 5096
Franz Heidecker,
Georgenhof,
Fernruf Carpin 8.

Goldene Herrenuhr
möglichst mit Sprungdeckel, zu kaufen gesucht. Angebote unter S. 7303 an die Landeszeitung, Neustrelitz, erbeten.

Vor oder auf dem Bahnhof Blankensee am 27. 7., abends
goldenes Armband verloren.
Gegen gute Belohnung abzugeben Neustrelitz, Saarstraße 1.

Vermischtes

Landaufenthalt
vom 3. bis 24. August gesucht. Wald-Wasser-Nähe, von jungem Ehepaar mit einjähr. Kind (mit oder ohne Pension). Eilofferten an **Kurt Runge, Berlin-Lichtenberg,** Rudornstr. 1 b. (5110

Grüner Wellensittich
entflogen. Abzugeben (z5283
Landesanstalt Neustr.-Strelitz,
Friedr.-Hildebrandt-Str. 1.

...estellungen auf
Erdbeerpflanzen
...rühe und späte Sorten, werden entgegengenommen bei k1970
...E. Dittner, Gartenbau Wesenberg

...9jähr. Dame, perf. in Steno. u. Maschinen...schr., unbed. zuverlässig, m. gt. Auffassungs...gabe u. gt. Umgangsformen, Führerschein III, ...ucht zum 1. 10. **Vertrauensstellung als Sekretärin**
...Angeb. mit Gehaltsang. erbeten unter **5112** ...an die Landeszeitung, Neustrelitz.

...b heute übernehme ich **Anfertigung** ...nd **Aufarbeitungen** von s7298
Polstermöbeln
aller Art sowie **Dekorationen**
...erstellung von **Verdunkelungsrollos** ...nd **Selbstrollern,** ebenfalls **Reparaturen**
...udolf Lindner, Tapezierermeister
Neustrelitz, Töpferstraße 22

Ihre Verlobung geben bekannt:
Inge Sporer
Heinz Klein
Marine-Masch.-Gefr.
Neustrelitz-Strelitz z. Zt. im Felde
27. Juli 1941 z5284

Ein hartes Schicksal hat uns getroffen. Uns wurde die traurige Nachricht, daß unser lieber, einziger Sohn und Bruder,
der Scharführer in der Waffen-SS
Willi Kerberg
im 27. Lebensjahre am 9. Juli 1941 den Heldentod für Führer und Volk gestorben ist. 5111
In tiefer Trauer:
Karl Kerberg und Frau, geb. Semrau
August Brüske und Frau Elise, geb. Kerberg
Irmgard Kerberg
Neugarten, den 25. Juli 1941.
Er ruht in fremder Erde unvergessen!

Am 25. 7. ist nach schwerer Krankheit mein lie... Mann, Vater, Sohn, Bruder und Schwager
der Kohlenhändler
Hermann Kempe...
im 44. Lebensjahr entschlafen.
In stiller Trauer:
Anna Kempert, geb. Ster...
Irmgard Kempert
und alle Angehörigen
Neustrelitz, den 28. Juli 1941
Die Beisetzung der Urne wird noch bekanntgegebe...

Familien-Anzeigen

Nach langem, schwerem Leiden verschied am 26. Juli mein lieber Mann und treusorgender Vater, Bruder, Schwager und Onkel
der Ingenieur
Sekund Hummel
im Alter von 54 Jahren.
In tiefer Trauer:
Luise Hummel, geb. Rehn
Ruth Hummel, Tochter
Neustrelitz, den 28. Juli 1941
Twachtmannstraße 19 s7297
Die Trauerfeier findet am Mittwoch, dem 30. Juli, 11½ Uhr, in der Friedhofskapelle statt.

Unerwartet erhielten wir die traurige Nachricht, daß unsere liebe Tochter, Schwester, Schwägerin und Tante
Else Reglin
am 23. Juli, einen Tag vor ihrem 31. Lebensjahre, nach langer, schwerer Krankheit gestorben ist. 5113
In tiefer Trauer:
Friedrich Reglin und Frau
Hedwig Volkmann, geb. Reglin
Fritz Reglin
Erich Volkmann
Carwitz, den 27. Juli 1941
Die Urne wird nach hier überführt.

Plötzlich und unerwartet starb am 22. Juli in Bernb... unser geliebter Sohn und Bruder, der
Müller und Bäcker
Karl-Friedrich Kreienbrin...
im Alter von 31 Jahren. o...
In tiefem Schmerz:
Franz Kreienbring und F...
und Geschwister.
Woldegk, den 28. Juli 1941.
Die Beisetzung erfolgt nach Eintreffen der Ur...

Am Sonnabend entschlief nach einem arbeitsreic... Leben unser lieber Vater, Schwieger- und Großva...
Albert Haker
im 80. Lebensjahr. 5...
Im Namen der trauernden Hinterbliebenen:
Anna Krüger, geb. Ha...
Grünow, den 28. Juli 1941.
Die Beerdigung findet am Dienstag, dem 29. J... um 15 Uhr statt.

8. Else, eine tragische Lebensgeschichte

Auf dem Friedhof des kleinen Ortes Carwitz in der Feldberger Seenlandschaft fand man bis vor Kurzem noch die Familiengrabstelle der Familie Reglin. Auf dem Grabstein stand neben den Namen der Eltern und des Bruders, welcher 1940 im Krieg gefallen ist, auch der Name Else Reglin. Als Geburtsdatum ist der 24. Juli 1910 und als Todestag der 23. Juli 1941 angegeben. Das wir heute einige Fotos von ihr haben und auch einige Episoden aus ihrem kurzen Leben kennen, ist unter anderem ihren beiden Großnichten zu verdanken. Schaut man sich die Bilder aus Elses Jugendzeit an, so erkennt man, dass Else ein hübsches und lebenslustiges junges Mädchen war. Wahrscheinlich liebte sie Pferde, die es in ihrem Geburtsort Carwitz sicherlich gab. Auf einem Foto sieht man sie zusammen mit ihrer Schwester Hedwig, wie sie liebevoll ein Pferd streichelt.

Else erkrankte mit 18 Jahren an der Schilddrüse und wurde wenige Jahre später im Carolinenstift Neustrelitz operiert. Es ist möglich, dass diese Krankheit ihre psychischen Leiden verursachte. Wie später ihre Mutter gegenüber dem Domjücher Anstaltsarzt erzählte, lief sie nach der Operation 1934 mehrfach weg […]. Sie hatte Halluzinationen, lachte und weinte oft grundlos. Die Ärzte waren sich einig: Else leidet an Schizophrenie. Sie wird daraufhin 1936 sterilisiert, wie es das Gesetz zur Verhütung erbkranken Nachwuchses vorschrieb. Nach dieser Operation, wieder im Carolinenstift durchgeführt, wird sich ihr Gesundheitszustand so weit verschlimmern, dass sie am 12. Oktober 1938 in die Heil- und Pflegeanstalt Domjüch aufgenommen werden muss. Viel erfährt man danach aus ihrer Krankenakte nicht mehr, nur dass sie oft „läppisch und unruhig sei" und dass sie 1940 die Nachricht vom Kriegstod ihres Bruders ohne Eindruck aufnahm. Als letzter Eintrag in ihrer Krankenakte wird auch bei ihr stehen: „11.7.41 ungeheilt entlassen." *(1)*

Else Reglin

Auf dem Deckblatt ihrer Krankenakte wurde später noch die Personenidentifikationsnummer der T4-Zentrale Z 165888 eingetragen. Die Urne, die den Eltern zwei Wochen später aus Bernburg zugeschickt wurde, enthielt auch in diesem Fall nicht die Asche ihrer Tochter. Ihre wahre letzte Ruhestätte wird mit hoher Wahrscheinlichkeit eine Kiesgrube am Rande der Stadt Bernburg sein, in der die Asche der Ermordeten geschüttet wurde. Ihre Nichte und Großnichten werden erst 2016 die tatsächliche Todesursache von Else erfahren. Bis dahin hieß es in der Familie, Else sei an den Folgen ihrer Schilddrüsenerkrankung gestorben. Am 10. Juli 2016 nahmen ihre beiden Großnichten am Gedenkgottesdienst zum 75. Jahrestag des Abtransportes von Patienten aus der Domjüch teil.

9. Das Ende der zentralen Euthanasie

Wenige Tage nach dem Transport aus der Domjüch werden am 18. Juli und am 1. August 1941 aus der Heil- und Pflegeanstalt Sachsenberg bei Schwerin insgesamt 275 Insassen abgeholt. Unter den 140 am 18. Juli und 135 am 1. August 1941 nach Bernburg gebrachten Kranken *(1)*, waren auch 18 namentlich bekannte ehemalige Domjücher Patienten. Die meisten von ihnen kamen 1940 aus den Kückenmühler Anstalten, in die sie 1936 von der Domjücher Anstalt verlegt wurden (siehe oben). Die Transporte aus Sachsenberg gehörten zu den Letzten, die im Rahmen der zentralen Euthanasieaktion T4 in Bernburg eintrafen.

Die Ermordung von Patienten in den zentralen Tötungsanstalten ließ sich ab dem Spätsommer 1941 nicht mehr geheim halten. Besonders den Anwohnern der Vernichtungsanstalten war nicht mehr zu erklären, warum ständig graue und verhangene Busse in die naheliegenden Anstalten fuhren, wenig später dort die Schornsteine rauchten und es nach verbrannten Menschenfleisch roch. Aber besonders in den Kirchenkreisen regte sich Widerstand. In diesem Zusammenhang muss die mutige Predigt des Münsteraner Bischofs von Galen erwähnt werden, der am 3. August 1941 in der Lambertikirche zu Münster die Tötung von Geisteskranken anprangerte: „Seit einigen Monaten hören wir Berichte, dass aus Heil- und Pflegeanstalten für Geisteskranke auf Anordnung von Berlin Pfleglinge, die schon länger krank sind und vielleicht unheilbar erscheinen, zwangsweise abgeführt werden. Regelmäßig erhalten dann die Angehörigen nach kurzer Zeit die Mitteilung, die Leiche sei verbrannt, die Asche könne abgeliefert werden. Allgemein herrscht der an Sicherheit grenzende Verdacht, dass diese zahlreichen unerwarteten Todesfälle von Geisteskranken nicht von selbst eintreten, sondern absichtlich herbeigeführt werden, dass man dabei jener Lehre folgt, die behauptet, man dürfe sogenanntes „lebensunwertes Leben" vernichten, also unschuldige Menschen töten, wenn man meint, ihr Leben sei für Volk und Staat nichts mehr wert. Eine furchtbare Lehre, die die Ermordung Unschuldiger rechtfertigen will, die die gewaltsame Tötung der nicht mehr arbeitsfähigen Invaliden, Krüppel, unheilbar Kranken und Altersschwachen grundsätzlich freigibt [...] Wenn man die unproduktiven Menschen töten darf, dann wehe den Invaliden, die im Produktionsprozess ihre Kraft, ihre gesunden Knochen eingesetzt, geopfert und eingebüßt haben! Wenn man die unproduktiven Mitmenschen gewaltsam beseitigen darf, dann wehe unseren braven Soldaten, die als Schwerkriegsverletzte, als Krüppel, als Invaliden in die Heimat zurückkehren!" *(2)*

Am 24. August 1941 ordnet Hitler persönlich die Einstellung der zentralen Patiententötungen in den Vernichtungsanstalten an. Er kann Unruhe in der Bevölkerung nicht gebrauchen, zumal er erst wenige Wochen vorher den Krieg gegen die Sowjetunion begonnen hatte. In Bernburg wird jedoch weiter getötet. Im Rahmen der Sonderaktion *14f13* werden in der Tötungsanstalt ab Herbst 1941 Häftlinge aus verschiedenen Konzentrationslagern, die als „krank", „alt" und nicht mehr als arbeitsfähig galten, ermordet. So verloren unter anderem ca. 1.200 Häftlinge des Konzentrationslagers Ravensbrück in Bernburg ihr Leben. *(3)*

Die Ermordung von Patienten der Heil- und Pflegeanstalten wird mit dem Ende der zentralen Euthanasieaktion jedoch nicht eingestellt werden. Unter anderem vor dem Hintergrund, mehr Krankenhäuser und Anstalten für Kriegsverletzte oder Ausgebombte zu schaffen, begann man Heil- und Pflegeanstalten zu räumen und die Patienten in wenige große Anstalten zu verlegen. Dort begann das Töten von Patienten durch Überdosierungen von Medikamenten oder man ließ sie verhungern.

In Mecklenburg wurden in der Sachsenberger Anstalt nachweislich Patienten getötet: „Ungefähr 1.900 Geisteskranke und geistig Behinderte sind demnach zwischen 1939 und 1945 auf dem Sachsenberg durch Gift ermordet worden oder durch unbehandelte Infektionskrankheiten, Hunger, Kälte und Vernachlässigung umgekommen.“ *(4)* Darunter sind ab 1943 auch zahlreiche Patienten der Domjüch.

Auch in der Heil- und Pflegeanstalt Domjüch gibt es in den Jahren 1940 bis 1942 einen deutlichen Anstieg der Todesfälle. Vor allem 1942 war die Sterberate mit 91 standesamtlich registrierten Todesfällen besonders hoch. Als häufige Todesursachen wurden in den Sterbeurkunden „angeborener Schwachsinn“, „nervöse Erschöpfung“ sowie ein Zusammenfallen von „Schizophrenie und Lungentuberkulose“ eingetragen. *(5)* Die Lungentuberkulose gehörte damals zu den häufigsten Infektionskrankheiten, die unter anderem durch Mangelernährung begünstigt wird. Und auch auf der Domjüch wird gehungert. Die täglichen Verpflegungssätze, insbesondere für die Patienten, deren Pflege von den Fürsorgeanstalten bezahlt wurde, werden auf Anweisung aus Berlin drastisch gesenkt. Vor allem die Fleisch- und Fettmengen werden immer weiter reduziert. *(6)*

Konkrete Hinweise auf Patiententötungen in der Domjücher Anstalt gibt es nicht.
Nach dem Krieg behaupten einige Pflegerinnen und Pfleger der Domjüch, dass es auf der Domjüch zu keinen Patiententötungen gekommen sei. So berichtet der ehemaliger Pfleger Paul Staffeld, dass „auf der Anstalt selber […] Patienten nicht getötet wurden oder eines sonst unnatürlichen Todes gestorben sind.“ Elli Brehmer, die von Herbst 1938 bis März 1941 und später von Juni bis August 1942 als Krankenpflegerin auf der Domjüch tätig war, sagt aus: „Ich habe auch niemals etwas da-

von gesehen oder gehört, daß Kranke auf der Anstalt eines unnatürlichen Todes gestorben sind.“ *(7)*

Krankenakten von Patienten der Domjüch, die in den Jahren 1941 bis 1943 dort gestorben sind, existieren nicht mehr. Aus ihnen hätte man vielleicht Indizien für eine aktive Patiententötung finden können. Aber auch die Tatsache, dass die Heil- und Pflegeanstalt Domjüch 1943 geschlossen wird, könnte ein Grund gewesen sein, dass keine derartigen Todesfälle bekannt sind, denn gerade in den letzten beiden Kriegsjahren waren in anderen Anstalten die Zahl der aktiven Tötungen von Patienten besonders hoch. Hinzu kommt noch, dass Berichte aus der Domjücher Anstalt in den Jahren zwischen 1941 und 1943 sehr selten sind. Gründe hierfür sind nicht bekannt. Wurden sie vielleicht vernichtet? Auch die vorher regelmäßig erschienenen Jahresberichte der Anstalt enden im April 1941. Bisher wurden in den Archiven spätere Jahresberichte nicht mehr gefunden.

10. Die Auflösung der Anstalt und Verlegungen nach Sachsenberg und Gehlsheim

Das Ende der Domjüch als Heil- und Pflegeanstalt für psychisch Kranke und Behinderte wurde im Frühjahr 1943 besiegelt. Entsprechend einer Anordnung des Reichsverteidigungskommissars vom 26. März 1943 wurde die Heil- und Pflegeanstalt Domjüch aufgelöst und von nun an zur Pflege von Tuberkulosekranken genutzt. Die Geistes- und Nervenkranken der Anstalt wurden in die beiden mecklenburgischen Anstalten Sachsenberg und Gehlsheim überführt. *(1)*

Nur einige wenige Patienten werden auf der Domjüch bleiben, weil sie als Arbeitskräfte in der Anstalt gebraucht werden.

Der erste Transport wird am 11. April 1943 nach Sachsenberg gehen. Es sind insgesamt 50 Frauen und 35 Männer, die an diesem Tag endgültig die Domjüch verlassen. Unter ihnen ist auch der erst 15jährige ***Harry Barthelt*** aus Stavenhagen.
2018 wird die Nichte von Harry zusammen mit dem Verein *Alte Synagoge Stavenhagen e. V.* die Krankenakte aus dem Landeshauptarchiv anfordern. Frau Dr. Dorothee Freudenberg vom Verein war bei einem Besuch auf der Domjüch auf dem Namen von Harry Barthelt gestoßen und übermittelte dem *Verein zum Erhalt der Domjüch* im Juni 2018 dankenswerterweise die folgende Geschichte seines kurzen Lebens:
Harry Georg Barthelt wurde am 21. Februar 1928 in Stavenhagen geboren. In der Familie wurde er Georg genannt, in den Akten steht als Vorname nur Harry.
Vor der Aufnahme in der Domjüch Ende des Jahres 1942 war Harry Barthelt vom 13. August 1942 bis 14. Dezember 1942 Fürsorgezögling im Landesfürsorgehaus Güstrow. Dies war wegen wiederholter „kleiner Diebereien“ und „sittlicher Verwahrlosung“ vom Kreisjugendamt Malchin beantragt und am 31. Juli 1942 vom städtischen Vormunds- und Nachlassgericht Stavenhagen angeordnet worden. In seiner Akte wird vermerkt, dass sein Vater erklärt habe, dass es ihm nicht möglich sei, seinen Sohn ordentlich zu erziehen.
Am 11. Dezember 1942 wurde dem Kreisjugendamt Malchin aus Güstrow gemeldet, dass der Fürsorgezögling Harry Barthelt wiederholt Brot und auch Butter gestohlen habe und außerdem als Bettnässer auffalle. Er sei „ein großes Übel auf dem Saal“ und es sei notwendig, ihn anderweitig unterzubringen. Nach ärztlichem Urteil sei er strafrechtlich nicht zurechnungsfähig und der Arzt empfehle seine Überweisung in eine Heil- und Pflegeanstalt. Der Landrat des Kreises Malchin sei hiermit einverstanden. Gehlsheim habe die Unterbringung abgelehnt, Domjüch wolle ihn aufnehmen.

Harry Barthelt wurde am 14. Dezember 1942 in der Heil- und Pflegeanstalt Domjüch aufgenommen Die Verlegung in die Heil- und Pflegeanstalt Sachsenberg erfolgte am 11. April 1943. Er überlebt Sachsenberg nur 3 Monate. Am 16. Juli 1943 verstarb er in Sachsenberg angeblich an einer Halsentzündung. Sehr wahrscheinlich wurde er ermordet. *(2)* Am 13. Juni 2018 wird in Stavenhagen für Harry ein Stolperstein verlegt. Er befindet sich vor der denkmalgeschützten Ruine des ehemaligen Stadtgefängnisses, gelegen zwischen Markt und Schloss.

Der zweite Transport nach Sachsenberg verlässt am 17. Mai 1943 die Domjüch mit 46 Frauen und 54 Männern. Unter ihnen ist auch ***Helma Sittnick, geb. Jonas,*** aus Neubrandenburg. Geboren wurde Helma am 5. Dezember 1901 im westpreußischen Butzig. Am 7. September 1935 wird Helma erstmalig mit der Diagnose „Schizophrenie" in die Heil- und Pflegeanstalt Domjüch aufgenommen, jedoch schon am 17. Oktober gleichen Jahres als „ungeheilt" entlassen und am gleichen Tag im Neubrandenburger Stadtkrankenhaus sterilisiert. Etwa zwei Jahre später, am 15. November 1937, wird sie erneut in der Domjüch aufgenommen und am 30. Januar 1938 wieder „ungeheilt" entlassen. Das dritte Mal wird sie in einem „akuten Verwirrtheits- und Erregungszustand mit Gemeingefährlichkeit" am 23. April 1939 eingeliefert. Auch diesmal wird sie nur wenige Wochen auf der Domjüch bleiben. Am 28. Mai 1939 wird Helma wiederum als „ungeheilt" entlassen. Am 27. Oktober 1939 bringt sie die Polizei in die Anstalt. Dieses Mal wird sie endgültig bleiben. Am 17. Mai 1943 verlässt sie die Domjüch um in Sachsenberg aufgenommen zu werden. Der erste Eintrag in ihrer Sachsenberger Krankenakte erfolgt jedoch erst am 28. August 1943. Sie sei "sehr zerfahren, hält sich sauber, motorisch, aber unruhig und autistisch". Es werden nur noch drei kurze Einträge folgen. Am 1. September 1944 heißt es: „an Nierenentzündung gestorben". Helma wurde nur 42 Jahre alt. *(3)*

Ehemaliges Verwaltungsgebäude der Anstalt Sachsenberg (Aufnahme 2018)

Ein dritter Transport geht am 15. Juni 1943 in die Heil- und Pflegeanstalt Gehlsheim. *(4)* Es sind fünf Männer und fünf Frauen. Eine von ihnen, die erst 19jährige ***Anna Müller,*** wird bereits wenige Tage später in die Anstalt Sachsenberg weiterverlegt, weil sie in Gehlsheim wohl nicht arbeitsfähig war. Am 18. August 1943 stirbt sie dort. Eine weitere Patientin wird später ebenfalls nach Sachsenberg verlegt und stirbt dort am 29. Juni 1944. Am 20. August 1944 kam auch ***Auguste Ziemann*** aus Fürstenberg von Gehlsheim nach Sachsenberg. Sie wird die dunkle Zeit überleben und bis 1962 in Schwerin/Sachsenberg bleiben. *(5)* Über das Schicksal der weiteren Domjücher Patienten in Gehlsheim ist nichts bekannt.

Von den im Jahr 1943 nach Sachsenberg und Gehlsheim verlegten Patienten sind 181 Namen bekannt. Sie können in einem Gedenkbuch der Gedenk- und Erinnerungsstätte Domjüch eingesehen werden. Von den 171 in Sachsenberg aufgenommenen Patienten sind nur wenige Wochen bis Monate nach der Verlegung 121 Kranke gestorben. Der überwiegende Teil im Jahre 1943. So verstarb ***Franz Kurzmarski*** aus Rostock bereits am 20. April 1943, neun Tage nach seiner Ankunft in Sachsenberg. Er wurde 52 Jahre alt. Aus dem zweiten Transport am 17. Mai 1943 verstarb die 30jährige Ostarbeiterin ***Ekaterina Nasarowa***, zuletzt wohnhaft in Neubrandenburg, bereits am 3. Juni 1943. Von einigen ehemaligen Domjücher Patienten existieren im Landeshauptarchiv Schwerin noch die Krankenakten. In allen werden die Einträge der Sachsenberger Ärzte bis zu ihrem Tod nur kurz sein. Man ersparte sich sogar die Anlage neuer Krankenblätter und schrieb auf den mitgeschickten Domjücher Unterlagen weiter.

11. Gestorben in Meseritz-Obrawalde

Im Staatsarchiv der polnischen Stadt Gorzow existieren noch Akten von zwei ehemaligen Patienten der Domjücher Anstalt. Im Gegensatz zu den in Schwerin und Berlin erhaltenen Unterlagen sind es jedoch keine reinen Kranken-, sondern viel mehr Verwaltungsakten, in denen hauptsächlich Rechnungen und Anfragen zu Verpflegungsleistungen enthalten sind. Beide Patienten werden in der Heil- und Pflegeanstalt Meseritz-Obrawalde, dem heutigen Miedzyrzecz, sterben. Meseritz-Obrawalde gehörte von 1942 bis 1945 zu den berüchtigtsten Mordstätten nach der Beendigung der zentralen T4 Aktion im August 1941. Nach Schätzungen von Fachleuten werden zwischen 1942 und dem Einmarsch der sowjetischen Truppen am 29. Januar 1945 hier etwa 10.000 Patienten ermordet. *(1)*

Historische Aufnahme des Eingangsportals der Anstalt Meseritz

Bei den beiden ehemaligen Domjücher Patienten handelte es sich um den am 6. September 1866 geborenen ***Bernhard Hoffmann*** aus Cosa bei Friedland und ***Magdalene Rieck*** aus Neustrelitz. Bernhard Hoffmann gehörte zu der Gruppe von Patienten, die am 15. April 1936 auf Weisung des Stargarder Landrates von der Domjüch in die Kückenmühler Anstalt verlegt wurden. Von der Kückenmühle gelangt er am 23. Mai 1940 nach Meseritz und stirbt dort am 28. September 1943. Er wird unter der Grabnummer 233a am 1. Oktober 1943 auf dem Anstaltsfriedhof in Meseritz beerdigt. Von Angehörigen ist in den Akten nichts zu erfahren. *(2)*

Eine wahre Odyssee durch verschiedene Heil- und Pflegeanstalten hatte Magdalene Rieck hinter sich, als sie 27. Oktober 1942 in Meseritz stirbt. Magdalene wurde am 4. Februar 1882 in Neustrelitz geboren. Sie ist die Tochter des langjährigen Direktors des Carolinums Neustrelitz, Prof. Dr. Karl Rieck; sie wird den Beruf ihres Vaters erlernen und Lehrerin werden. Zum Zeitpunkt des Ausbruchs ihrer Krankheit im Herbst 1927 ist sie Zeichenlehrerin in Erfurt. Sie berichtet später, dass ihre psychischen Beschwerden, die sich in Angstzuständen, Unruhe, Schlaflosigkeit, Halluzinationen und eine daraus folgende Unfähigkeit zur Arbeit äußerten, durch Überanstrengungen im Beruf entstanden seien.

„Seit 10 Jahren zeitweilig mit den Nerven runter, wie eben jede Lehrerin ihre Nerven hat“, steht in ihrer Krankenakte am 4. April 1928, als sie in die Landes-Heilanstalt Domjüch aufgenommen wird. Vorher wurde sie bereits vom 16. Januar bis 3. März 1928 in der Psychiatrischen Klinik in Jena behandelt. Auf der Domjüch bleibt sie bis zum 6. August 1929. Am gleichen Tag wird Magdalene „ungeheilt“ in die Anstalt Sachsenberg verlegt. Warum sie die Domjüch verlässt, ist aus den Akten nicht zu entnehmen. Der Grund ihrer Verlegung von Sachsenberg in die Provinzialheilanstalt Treptow an der Rega (das heutige Trzebiatow in Westpolen) am 14. August 1930 ist jedoch nachvollziehbar, denn ihre Schwester Frau Dr. Lisa Haenisch wohnt im nahegelegenen Kolberg (heute Kolobrzeg*)*. Sie wollte vermutlich ihre Schwester in ihrer Nähe haben. Ab 1936 wird sie Magdalenes Aufenthalt in der Treptower Anstalt bezahlen. Am 7. Juni 1934 erstattet der Anstaltsarzt Anzeige gemäß des Gesetzes zur Verhütung erbkranken Nachwuchses. Ob sie tatsächlich aufgrund ihrer inzwischen diagnostizierten Schizophrenie zwangssterilisiert wird, geht aus den Akten nicht hervor.

Im Herbst 1941 wird die Anstalt Treptow geschlossen und der Wehrmacht als Lazarett übergeben. Magdalene muss allerdings schon am 31. Juli 1941 die Anstalt verlassen und wird in die Heil- und Pflegeanstalt Meseritz-Obrawalde verlegt. Sie stirbt in dieser Anstalt am 27. Oktober 1942, wie es in der Todesmeldung heißt an „Herzschwäche“. Sie wird auf Wunsch ihres Bruders Dr. jur. Karl Rieck am 30. Oktober 1942 abgeholt und in Frankfurt/Oder eingeäschert. Wo sie letztendlich ihre letzte Ruhestätte fand, geht aus den Akten nicht mehr hervor. Ihr Nachlass wird am 11. November 1942 an ihre Schwester Lisa geschickt. *(3)*

Eine weitere in Neustrelitz geborene Frau, die allerdings nie Patientin der Domjüch war, stirbt am 22. November 1944 in Meseritz-Obrawalde. ***Marie Berwig, geb. Fromme,*** wurde am 5. August 1886 geboren. Am 27. Januar 1944 wurde sie, mittlerweile in Berlin wohnhaft, „ausgebombt" und ist danach schwer traumatisiert. Zwei Tage später weist man sie in die Wittenauer Heilanstalt in Berlin ein. Von dort aus brachte man sie am 24. Mai 1944 nach Meseritz-Obrawalde. Als Todesursache wird man „Blutvergiftung" auf ihrer Todesmeldung vermerken. *(4)*

12. Das Ende einer schlimmen Zeit

Über das Schicksal der wenigen nach der Umstrukturierung der Domjüch zur Tuberkulose-Heilstätte in der Anstalt verbliebenen geisteskranken Patienten ist nicht viel bekannt. Da sie aber als fähige und für die Aufrechterhaltung des Anstaltsbetriebes unbedingt notwendige Arbeitskräfte auf der Domjüch gebraucht wurden, kann man davon ausgehen, dass sie, sofern sie nicht vorher eines natürlichen Todes starben, auch das Ende des Krieges erlebten. So wie der Patient ***Heinrich Madaus***, der vermutlich dank des Einsatzes von Dr. Johannes Hecker die Aktion T4 überlebte. *(1)*

Neben seiner Tätigkeit im Staatlichen Gesundheitsamt Neustrelitz betreute Dr. Hecker nach Schließung der Domjücher Anstalt als Psychiatrie die noch verbliebenen geisteskranken Kriminellen in der Strafanstalt Strelitz-Alt. Seit dem 1. Oktober 1939 existierte als Abteilung III in der 3. Etage des „festen Hauses" eine gesonderte Station für „geistig kranke Rechtsbrecher" aus ganz

Mecklenburg. Verantwortlicher Arzt auf dieser Station war Dr. Hecker. Er wird in der Zeit bis zum Kriegsende vermutlich einigen Patienten das Leben retten. So zum Beispiel im September 1943, als beabsichtigt war, die gesamte Anstalt zu schließen. Damit wären auch die 41 Insassen der Abteilung III in eine ungewisse, vor allem aber lebensgefährliche Zukunft entlassen worden. Dr. Hecker gelingt es zusammen mit dem Anstaltsdirektor, die drohende Schließung zu verhindern. Im Oktober 1943 kommen sogar noch weitere 32 „arbeitsfähige" Geisteskranke in die Strafanstalt. *(2)*

Am 4. September 1944 wird auch der Schriftsteller Rudolf Ditzen, besser bekannt als ***Hans Fallada***, in die Abteilung III der Strelitzer Anstalt eingeliefert. Er hatte in einem Streit, vermutlich im Alkoholrausch, auf seine geschiedene Frau geschossen. Dr. Hecker kannte die Familie aus Carwitz und bemühte sich daher intensiv darum, dass Fallada in seiner Obhut in der Strafanstalt Strelitz verbleiben konnte. Anderenfalls wäre er vermutlich als geisteskrank in die Heil- und Pflegeanstalten Sachsenberg oder Gehlsheim eingewiesen worden. Ob er dort überlebt hätte, wäre sehr ungewiss gewesen. Fallada wird am 13. Dezember 1944 wieder nach Hause entlassen. In der Zeit seines Aufenthalts in Strelitz schrieb er unter anderem seinen Roman „Der Trinker".

Als sich Ende April 1945 die Rote Armee Neustrelitz näherte, wird auch die Strafanstalt Strelitz geräumt. Die Insassen der Abteilung III kommen am 21. April 1945 in der Anstalt Sachsenberg an. Dem zuständigen Anstaltsarzt Dr. Leu wird übermittelt, dass unter ihnen auch „besonders gefährliche Rechtsbrecher" seien, bei denen eine starke Fluchtgefahr bestehe. Daraufhin identifizierte Leu fünf Häftlinge als besonders gefährlich und ließ sie am 25. April 1945 durch die SS im Anstaltspark von Sachsenberg erschießen. *(3)*

Am 30. April 1945 besetzten die Truppen der Roten Armee auch die Tuberkulose-Heilanstalt Domjüch. Da die Genehmigung zur Räumung der Anstalt erst kurz vorher erteilt wurde, entließ der zuständige leitende Arzt Dr. Otto Laur die letzten Patienten, darunter auch die geisteskranken Arbeiter, mit Nahrungsmitteln für mehrere Tage und Befundberichten. Ein Transport nach Sachsenberg war zu diesem Zeitpunkt nicht mehr möglich. Ihr weiteres Schicksal ist nicht überliefert. *(4)*

Bekannt ist das weitere Schicksal der beiden letzten Anstaltsärzte der Heil- und Pflegeanstalt, Dr. Karl Schmidt und Dr. Johannes Hecker. Dr. Schmidt wird nach dem Krieg zuerst aus seinem Amt als stellvertretender Amtsarzt in Hagenow, in welchem er seit 1944 tätig war, entlassen und nimmt kurzzeitig eine Tätigkeit in der Nervenklinik Ückermünde auf. Aber auch hier wird ihm ab 3. Oktober 1945 die weitere ärztliche Tätigkeit auf Anordnung des Leiters der Russischen Geheimpolizei verboten. *(5)* Am 27. November 1945 stirbt Dr. Schmidt an einem Herzschlag. Da seine Frau jedoch einen Abschiedsbrief findet, vermutet man einen Suizid. Sein Enkel vermutet später: „Er befürchtete wohl, dass die sowjetische Geheimpolizei ihn verhaften und nach Moskau abtransportieren wolle.“ *(6)*

Ebenso dramatisch endet das Leben von Dr. Johannes Hecker. Nach der Flucht aus Neustrelitz wird er kurze Zeit in der Anstalt Sachsenberg tätig sein. Ab 10. Juli 1945 vertritt er den Wismarer Kreisarzt und ab 1. November 1945 wird er sogar zum Amtsarzt in Wismar berufen. Zwischenzeitlich begannen in Schwerin die Untersuchungen gegen einige ehemalige Anstaltsärzte von Sachsenberg wegen Patiententötungen. Dr. Hecker wird gewarnt, er solle die sowjetische Besatzungszone verlassen. Doch er nimmt die Warnung nicht ernst, da er glaubt, nichts Unrechtes getan zu haben. Im Februar 1946 verhaftet ihn die sowjetische Geheimpolizei. Man bringt ihn nach Schwerin, wo er sich zusammen mit dem ehemaligen Pfleger Friedrich Holst aus der Strelitzer Landesanstalt und zwei Pflegerinnen aus der Heil- und Pflegeanstalt Sachsenberg vor einem sowjetischen Militärtribunal verantworten muss. Dieser Prozess endete am 16. Mai 1946 mit dem Todesurteil. Er wird unter anderem beschuldigt, bei seiner Tätigkeit als Arzt in der Anstalt Strelitz, auch drei Sowjetbürger und zwei Polen durch Überdosierungen von Medikamenten umgebracht zu haben. Hecker selbst hat in diesem Prozess kaum eine Chance sich zu verteidigen. Er räumt jedoch ein, den Tod einiger insbesondere unheilbarer Tbc-Kranker, durch Verabreichung von Gift beschleunigt zu haben. *(7)* Am 10. Juni 1946 wird Dr. Hecker in Schwerin hingerichtet.

Die ehemalige Domjücher Anstalt selbst wird von der Rote Armee dauerhaft besetzt und erst 1993 wieder verlassen. Das Kapitel Heil- und Pflegeanstalt war 1945 damit endgültig beendet.

13. Späte Erinnerung und eine schwierige Spurensuche

Das Schicksal der Patienten, die auf der Domjüch starben oder Opfer der nationalsozialistischen Euthanasiemorde wurden, wird nach dem Krieg in Vergessenheit geraten. In der Geschichtsschreibung der DDR wurde das Thema Krankenmorde im Nationalsozialismus kaum erwähnt. Sogar die Existenz einer Irrenanstalt auf dem Gelände der Domjüch wird den meisten Neustrelitzern bis zum Abzug der russischen Armee im Jahre 1993 nicht bekannt gewesen sein. Und diejenigen, welche die alte Anstalt noch kannten, sprachen nicht so gerne davon.

Nachdem das Gelände der Domjüch von der russischen Armee geräumt war und sich die Neustrelitzer Bürger ein Bild von den noch vorhandenen Gebäuden machen konnten, begann das Interesse an der Vergangenheit dieses Ortes. Aber erst 2001 wird die ganze Geschichte von Christiane Witzke in ihrem Buch *„Domjüch – Erinnerungen an eine Heil- und Pflegeanstalt in Mecklenburg-Strelitz“* beschrieben. In diesem Buch, vor allem aber in der zweiten Auflage, die 2012 erscheint, erfährt der Leser unter anderem von den Morden an Domjücher Patienten im Rahmen der Aktion T4. Mitglieder des 2010 gegründeten „Vereins zum Erhalt der Domjüch – ehemalige Landesirrenanstalt“ werden kurz darauf im ehemaligen Verwaltungsgebäude eine erste Gedenkausstellung zur Geschichte der Euthanasieverbrechen gestalten, die später in das Gebäude Frauen I verlegt wird.

Aus Anlass des 75. Jahrestages des Abtransportes von Patienten aus der Domjüch in die Vernichtungsanstalt Bernburg wird 2016 in der ehemaligen Pförtnerstube des Verwaltungsgebäudes eine Gedenk- und Erinnerungsstätte eingerichtet. Auch die bis dahin bekannten Namen von Domjücher Opfern werden dort genannt. Die Stätte wird am 10. Juli 2016 im Rahmen eines Gedenkgottesdienstes auf der Domjüch offiziell eröffnet. Außerdem wird an diesem Tag am Eingang des ehemaligen Verwaltungsgebäudes eine Gedenktafel enthüllt. Bei dieser Gedenkveranstaltung für die Opfer der Euthanasiemorde waren unter anderem die Großnichten von Else Reglin und Verwandte von Alma Franke anwesend.

Enthüllung der Gedenktafel am Verwaltungsgebäude

Die Suche nach Spuren der damaligen Verbrechen in Vorbereitung der Ausstellung und dieses Buches war oft recht mühsam und manchmal auch verwirrend. Grundlage für die Recherchen waren das Buch von Christiane Witzke und die noch vorhandenen Patientenakten im Bundesarchiv Berlin. Die Archivalien waren zwar sehr aufschlussreich – sie lieferten die ersten Namen von Domjücher Euthanasieopfern –, aber was im Einzelnen auf der Domjüch geschah, erfährt man aus ihnen nicht. Es begann eine Zeit des Suchens nach weiteren Dokumenten: im Landeshauptarchiv Schwerin, im Stadtarchiv Neustrelitz, im Brandenburgischen Landesarchiv Potsdam, im Archiv der Stasiunterlagenbehörde Berlin, in der Deutschen Nationalbücherei Leipzig und in den polnischen Staatsarchiven in Gorzow und Szczecin. Besuche in den Gedenkstätten Bernburg und Brandenburg und den ehemaligen Schicksalsorten Domjücher Patienten in Sachsenberg, Gehlsheim, Kückenmühle und Neuruppin vermittelten weitere Erkenntnisse und Eindrücke. Und nicht zuletzt die zahlreichen Gespräche mit Historikern, Zeitzeugen und Angehörigen von Opfern ließen letztendlich ein Bild davon entstehen, was sich in der dunklen Zeit auf der Domjüch abgespielt haben könnte. Allerdings sind noch immer viele Details nicht bekannt. Ein großer Teil von ihnen wird vielleicht auch in der Zukunft unbekannt bleiben, weil viele Dokumente nicht mehr aufzufinden sind.

Das Wichtigste jedoch ist der Vergessenheit entrissen: Die Existenz von Menschen, die aufgrund ihrer Krankheit ihr Leben verloren, nur weil sie dadurch nicht in das Bild der nationalsozialistischen Rassenideologie passten und als „unwertes Leben“ angesehen wurden. Die Aufschrift auf der Gedenktafel soll Mahnung an alle sein, auch diese Verbrechen in der Zeit des Nationalsozialismus nie zu vergessen:

„Das Vergessen der Vernichtung ist Teil der Vernichtung selbst“

14. Eine Reise in die Vergangenheit

Dieser folgende persönliche Erlebnisbericht wurde am 10. Juli 2016 im Gedenkgottesdienst auf der Domjüch verlesen.

Ich wollte die letzte Fahrt von Max, Else, Anne und den anderen Patienten der Heil- und Pflegeanstalt Domjüch, die am 11. Juli 1941 von dort als „ungeheilt entlassen“ wurden, noch einmal selbst nachvollziehen.
Auch ich fuhr mit der Bahn, zwar nicht vom Bahnhof Strelitz-Alt wie die Patienten damals, sondern vom Hauptbahnhof Neustrelitz aus Richtung Süden. Es ist der 1. März 2015. Während es an diesem Tag grau und ungemütlich kühl ist, war es, wie ich es aus dem Internet erfahren hatte, am 11. Juli 1941 mit 27 °C in Berlin hochsommerlich warm und wolkig. Aber es ging ja vermutlich schon sehr früh los, sodass die Luft noch angenehm frisch war. Auch ich fahre an diesem Sonntag, den Ersten des anbrechenden Frühlingsmonats, früh los. Bis Bernburg ist es weit und ich muss zweimal umsteigen. Als ich mich auf die bequemen Sitze der Deutschen Bahn setze, stelle ich mir vor, wie die Domjücher Patienten auf ihrer letzten Fahrt mit der Deutschen Reichsbahn gefahren sind. Wie es spätere Zeitzeugen berichten werden, waren es Personenwaggons. Sie sind vermutlich bequemer transportiert worden, als wenig später ihre jüdischen Mitbürger in den Viehwaggons Richtung Auschwitz. Hatten sie einen Sonderzug oder war vielleicht nur ein Wagen für sie reserviert? Mit den anderen Reisenden werden sie sicher nicht zusammengekommen sein.
Wer waren ihre Begleiter? Sicher nicht die Pfleger oder Pflegerinnen der Domjücher Anstalt, die sie seit Jahren kannten. Das geht aus deren Zeugenaussagen nach dem Krieg hervor. Waren es SS-Männer, wie sie als Begleitpersonal in den grauen Bussen der GEKRAT üblich waren? Und die Frage ist: Fuhren sie über-

haupt, wie ich heute, den direkten Weg über Berlin und Dessau nach Bernburg? Oder ging ihre letzte Reise vielleicht erst einmal in eine ganz andere Richtung. Vielleicht nach Schwerin auf den Sachsenberg?
In Berlin habe ich eine Stunde Aufenthalt. Ich trinke einen Kaffee. Bekamen Max und die anderen auf ihrer Reise auch etwas zu essen oder trinken? Vielleicht war eine Verpflegung auf dieser letzten Reise aber auch gar nicht mehr vorgesehen.

Für die Weiterfahrt nach Bernburg kaufe ich mir eine Tageszeitung. Als ich den Zug Richtung Dessau besteige, empfangen mich lauthals lachende und singende Fans des 1.FC Union Berlin, die sich auf das Auswärtsspiel in Leipzig freuen. Wie war die Stimmung damals im Zug Richtung Bernburg? Gab es da auch eine ausgelassene Stimmung, man machte doch vermeintlich eine Fahrt ins Blaue. So wurde es ihnen vermutlich bei der Abreise aus Domjüch erzählt. Oder war bei einigen von ihnen schon eine Vorahnung da, ein Gefühl vielleicht, dass diese Reise eben nicht zur Abwechslung oder Therapie ihrer Krankheit diente?
In der Zeitung überflog ich nur kurz die letzten Ereignisse im Krieg in der Ostukraine. Ein Krieg in Europa, wie damals, nur mit dem Unterschied, dass sich der damals mittlerweile zu einem Weltkrieg entwickelt hatte. Wussten die Domjücher Patienten überhaupt, dass seit fast zwei Jahren Krieg war? Die immer geringeren Essensrationen gab es schon seit etlichen Jahren, nicht erst nach Ausbruch des 2. Weltkrieges am 1. September 1939. Aber die meisten von ihnen lebten ja schon lange Zeit in der eigenen, abgeschlossenen Welt der Anstalt. Konnten sie Radio hören oder eine Zeitung lesen? Vermutlich nicht.
Ich komme in Bernburg an. Das Bahnhofsgebäude entpuppt sich als ein hübscher Bau, welcher schon 1941 so aussah. Haben die Domjücher Patienten dieses schmucke Gebäude auch

sehen können, oder wurden sie bereits in Berlin oder Dessau aus dem Zug geholt und dann mit den grauen Bussen in die Anstalt gebracht? Oder kamen sie auf einem Nebengleis am Bernburger Bahnhof an und wurden hier von den Bussen abgeholt? Fest steht, durch die Stadt Bernburg, so wie ich, gingen sie weder zu Fuß noch erinnern sich die Bernburger an Transporte, die mit einem Verkehrsmittel erfolgt wären. Obwohl die Patienten immer in Bussen in der Bernburger Vergasungsanstalt ankamen.

Nach ca. 25 Minuten Fußmarsch erreiche ich am Stadtrand einen großen Gebäudekomplex, der als großes Krankenhaus zu erkennen ist. Ich passiere den Eingang und erreiche ein prachtvolles Gebäude mit Balkon. Unschwer zu erraten stehe ich vor dem Verwaltungsgebäude, früher auch Wohnung des ärztlichen Direktors. Der Weg zur Gedenkstätte ist ausgeschildert und das Ziel nach wenigen Minuten erreicht. Als Erstes fällt mir ein recht neuer Gedenkstein für die Opfer der Euthanasie auf. Die Tradition, Euthanasieopfer zu gedenken, ist noch nicht alt. Spät, aber immerhin nicht zu spät, kommt es mir in den Sinn.

Gedenkstein vor dem ehemaligen Vergasungsgebäude

Als ich das Gebäude betrete, habe ich die Wahl, entweder in den ersten Stock mit der Aufschrift Gedenkstätte oder in den Keller zu gehen, wo ich den Vergasungsraum und das Krematorium vermute. Diese Wahl hatten Max und die anderen Patienten, die vermutlich am frühen Nachmittag des 11. Juli 1941 hier ankamen nicht. Ihr letzter Weg war genau vorgeschrieben. Wie ich in einem Beitrag der Bernburger Gedenkstättenleiterin gelesen hatte, fuhr der Bus mit den Patienten in die große Garage, die am Gebäude Männer II angebaut war. Erst hier durften sie aussteigen. Dort wurden sie von Krankenpflegern in Empfang genommen. Als Erstes ging es ins Erdgeschoss, wo sie sich unverzüglich entkleiden mussten. Dann wurden sie in einen kleineren Raum geführt, in dem der diensthabende Arzt kurz die wichtigsten Daten aufnahm und sie fotografiert wurden. Danach gingen sie in einen leeren Raum, wo sie wieder warten mussten, bis die ganze Gruppe nach der „Aufnahme" wieder vollzählig war. Danach folgte der unweigerlich letzte Gang ihres Lebens. In einem gefliesten Raum mit zwei Duschköpfen. Man erzählte ihnen, dass sie vor ihrer Aufnahme in die neue Heilanstalt duschen müssen.

Als ich in diesem Raum stand, überkam mich eine unbeschreibliche Bedrückung. Hier also haben Max, Else, Anna und die anderen Patienten, die noch am Morgen den wunderschönen Domjüchsee ein letztes Mal gesehen hatten, gestanden. Haben sie wirklich geglaubt, hier eine neue Heimat zu finden? Oder konnten sie bereits ahnen, dass hier ihr Ende sein wird. Ihr Todeskampf dauerte etwa 20 Minuten, dann war die tödliche Konzentration des CO-Gases im Raum erreicht. Danach waren alle in diesem Raum nur noch tote Körper, die anschließend im anliegenden Krematorium verbrannt wurden. Die Öfen selbst existieren heute nicht mehr. Ich sehe nur noch die Bilder baugleicher Öfen aus dem KZ Mauthausen. Aber nicht diese beiden Abbildungen beeindrucken mich, sondern die zahlreichen Bilder ganz normal wirkender Menschen an den Wänden. Später bei der

Führung durch die Gedenkstätte erfahre ich, dass die Bilder von Nachkommen dieser Opfer zur Verfügung gestellt wurden. Die Gedenkstätte hat hier eine Möglichkeit des späten Gedenkens ihrer ermordeten Verwandten geschaffen, denn Gräber, in denen die Asche ihrer Verwandten liegt, gibt es nicht. Die Asche aus den Verbrennungsöfen wurde abgefahren und in der naheliegenden Lehmgrube abgekippt. Heute befindet sich hier ein Sportplatz, erfahre ich von der Leiterin der Gedenkstätte. Die Urnen, die sich die Verwandten schicken lassen konnten, enthielten mit Sicherheit nie die tatsächlichen sterblichen Überreste ihrer ermordeten Angehörigen.

Bei diesem Besuch erfahre ich auch, dass es keine Hinweise gibt, wonach am 11. Juli 1941 ein Transport aus der Heil- und Pflegeanstalt Domjüch direkt hier ankam. Für diesen Tag, einem Freitag, ist der Kalender, in dem Dr. Eberl, der Leiter der Anstalt, regelmäßig die ankommenden Transporte vermerkte, leer. Dass an diesem Tag wirklich kein Transport ankam, ist allerdings unwahrscheinlich. Vielleicht findet sich ja irgendwo noch ein Nachweis, dass ein Bus aus Berlin oder Dessau die Anstalt erreichte. Vielleicht wird sogar der Name Domjüch erwähnt. Nur eines steht fest: alle 42 bekannten Patienten der Domjüch, deren Krankenakten noch im Bundesarchiv erhalten sind und die am 11. Juli 1941 „ungeheilt entlassen" wurden, kamen in der Gaskammer von Bernburg um. Mittlerweile kennen wir aus verschiedenen Briefen weitere Namen. Ob sie sich alle zusammen, alle, die viele Jahre in der Domjüch zusammen lebten, in der Gaskammer noch einmal umarmten oder stützten, werde ich nie erfahren.

Als ich dieses Gebäude wieder verlasse, bin ich innerlich aufgewühlt. Mir ist die Gnade der späteren Geburt bewusst, ich konnte diesen Ort des Grauens wieder verlassen, ohne Opfer oder gar Täter zu sein. Begreifen, was hier geschehen ist, fällt mir aber heute noch schwer.

Reinhard Simon, Domjüch d. 10. Juli 2016

Nachwort

Etwa drei Jahre Recherchearbeit lagen hinter mir, als ich mich entschloss, meine vielen gesammelten Unterlagen und Notizen in einer kleinen Dokumentation zusammenzufassen. Es war das erste Mal, dass ich mich an ein solches Projekt wagte. Lange habe ich überlegt, in welcher Form ich dieses Buch schreibe. Es begann mit der Idee, die Lebensgeschichte einer Patientin von ihrer Geburt bis zu ihrer Ermordung in Bernburg zu schreiben. Es wäre die Geschichte von Anna, dem Waisenmädchen aus Weisdin gewesen, auf deren Akten ich im Landesarchiv Schwerin stieß. Aber Anna war insgesamt nur ein Jahr auf der Domjüch, bevor sie am 11. Juli 1941 mit den anderen Opfern nach Bernburg gebracht und dort ermordet wurde. Nach langem Überlegen entschloss ich mich, doch die Anstalt Domjüch und die vielen Einzelschicksale der Insassen in den Mittelpunkt zu stellen.

Aber dann hatte ich Bedenken, die vollständigen Namen der Opfer zu nennen und einige Lebensgeschichten in dieser Abhandlung zu erzählen. Bisher war es in ähnlichen Büchern aus datenschutzrechtlichen Gründen nur erlaubt, die Nachnamen mit dem Anfangsbuchstaben zu nennen. Die Diskussion, ob die Namen von ehemaligen Patienten beispielsweise in Gedenkstätten der Euthanasie genannt werden dürfen, ging schon viele Jahre. Umso erleichterter war ich, als ich Ende August 2018 im Newsletter des Bundesarchives lesen konnte, dass sich das Archiv entschlossen hatte, die Namen aller Euthanasieopfer aus den noch erhaltenen etwa 30.000 Krankenakten zu veröffentlichen. Ein nicht nur aus meiner Sicht längst überfälliger Schritt, denn die Euthanasieaktion T4 war der erste Massenmord an Menschen, die im nationalsozialistischen Deutschland ausgegrenzt wurden. Ähnlich wie die späteren Opfer des Holocaust, haben auch die meisten dieser Menschen keine eigene Grabstätte, an denen ihre Angehörigen und Nachfahren trauern dürfen.

Mein Hauptanliegen mit diesem Buch war und ist die Abkehr vom Vergessen. Es darf nie vergessen werden, dass damals Menschen aufgrund ihrer Krankheit ausgegrenzt, schikaniert und letztendlich vernichtet wurden. Menschen, die nicht in das Bild einer perversen Rassenideologie passten und dadurch als „lebensunwert" eingestuft wurden. Daher war es mir ein Bedürfnis, so viele Einzelschicksale in meiner kleinen Abhandlung zu erwähnen und hierin auch eine Liste aller bisher bekannten Domjücher Euthanasieopfer im Anhang aufzunehmen.

Das, was ich in diesem Buch geschrieben habe, kann jedoch nur ein erster Anfang sein. Noch immer sind viele Namen und Schicksale von Opfern nicht bekannt. Viele Hintergründe, über die ich in dieser Dokumentation nur Vermutungen äußern konnte oder auch weglassen musste, warten noch auf ihre nähere Erforschung. Auch meine Arbeit wird mit diesem Buch nicht zu Ende sein. Vielleicht wird der Verein als Reaktion auf dieses Buch neue Anfragen und neue Hinweise bekommen, die dazu anregen, näher erforscht zu werden. Und daher möchte ich an dieser Stelle die Gelegenheit nutzen und alle Leser, vor allem diejenigen, die vielleicht Namen aus der Opferliste kennen oder gar ehemalige Verwandte finden, bitten, sich beim Verein zum Erhalt der Domjüch – ehemalige Landesirrenanstalt e. V. (Internetseite www.domjuechsee.eu) – zu melden. Selbstverständlich beantworten wir auch spezielle Anfragen, sofern es uns möglich ist. Auch über einen Besuch zu unseren Anstaltsführungen mit anschließend viel Zeit für Gespräche bei Kaffee und Kuchen würden wir uns sehr freuen. Möglich ist dies, jeden Sonntag in den Monaten Mai bis September von 14:00 Uhr bis 17:00 Uhr auf dem Gelände der ehemaligen Landesirrenanstalt Domjüch bei Neustrelitz.

Abschließend möchte ich natürlich nicht vergessen zu erwähnen, dass dieses Buch nur mit Hilfe vieler Personen und Einrichtungen entstehen konnte, denen ich an dieser Stelle herzlich Danke sagen möchte. Mein besonderer Dank gilt den Mitarbeiterinnen und Mitarbeitern der Archive, in denen ich das meiste Material für meine Recherchen fand: dem Landeshauptarchiv Schwerin, dem Bundesarchiv in Berlin, dem Brandenburgischen Landesarchiv Potsdam, dem Stadtarchiv Neustrelitz, der Bundesanstalt für die Aufarbeitung der Unterlagen des ehemaligen Staatssicherheitsdienstes der DDR und der beiden polnischen Archive in Gorzow und Szczecin. Letztere machten es mir trotz Sprachschwierigkeiten möglich, dass ich dort alle für mich interessanten Unterlagen einsehen durfte. Mein herzlicher Dank gilt allen, die mich fachlich beraten haben: Frau Dr. Kathleen Haack aus Rostock, die mir viele fachliche Hinweise gab und in dankenswerter Weise mein Manuskript noch einmal kritisch betrachtete, Frau Dr. Ute Hoffmann von der Gedenkstätte Bernburg, Herrn Friedrich Bartels aus Greifswald, der mir die Anstalt Kückenmühle nähergebracht hat, Herrn Robert Parzer von der Initiative gedenkort-t4, Herrn Dr. Michael Buddrus vom Institut für Zeitgeschichte München-Berlin, Frau Dr. Dorothee Freudenberg vom Verein Alte Synagoge Stavenhagen e.V. und zahlreichen weiteren Experten, die ich bei Veranstaltungen zum Thema Euthanasie im Nationalsozialismus befragen konnte.

Bedanken möchte ich mich bei den Nachfahren der beiden Domjücher Euthanasieopfer Else Reglin und Alma Franke. Sie stellten mir nicht nur Fotos ihrer Verwandten zur Verfügung, sondern erlaubten mir auch die Veröffentlichung von Dokumenten und Abbildungen in diesem Buch. Einen herzlichen Dank möchte ich auch an Frau Anke Gaier von der Sütterlin-Schreibstube in Konstanz richten. Nur dank ihrer Hilfe war es mir möglich, die handgeschriebenen Krankengeschichten in den Krankenakten, die fast ausschließlich in der alten Sütterlinschrift verfasst sind, zu erschließen. Als „Neuautor“ war ich auch auf professionelle Hilfe bei der Gestaltung dieses Sachbuches, bei der Korrektur meiner doch oft holprigen Ausdrucksweise, meiner Fehler bei der korrekten Quellenangabe und vieler anderer schreibtechnischer Probleme angewiesen. Diese Hilfe bekam ich in dankenswerterweise von Frau Anett Kollmann, die mir auch viel Mut für weitere Projekte machte. Bedanken möchte ich mich auch beim Spica Verlag für die sehr angenehme Zusammenarbeit bei der Herausgabe dieser Publikation.

Zum Schluss gilt mein ganz großes Dankeschön aber meinen Mitstreitern im Verein zum Erhalt der Domjüch, insbesondere der Vereinsvorsitzenden Frau Christel Lau. Ohne euch wäre dieses Buch nie erschienen!

Reinhard Simon, im Dezember 2018

Grabstätte der Familie Reglin auf dem Friedhof Carwitz mit dem Namen von Else und ihrem falschen Todesdatum

Anlage 1

Liste aller bekannten Namen von Opfern, die am 11. Juli 1941 die Domjüch verlassen haben und wahrscheinlich noch am gleichen Tag in der Vernichtungsanstalt Bernburg ermordet wurden (Stand Januar 2019)

1. Die Opfer, von denen im Bundesarchiv Berlin die Krankenakten der Domjüch erhalten geblieben sind:

- Klara Albrecht, geb. 5. Mai 1889 in Rostock
- Lothar Barbe, geb. 30. April 1897 in Dummerstorf
- Wilhelmine Bartels, geb. Wichmann, geb. 24. September 1872 in Jabelitz
- Wilhelm Bracklow, geb. 2. Oktober 1903 in Wilhelmsruh bei Berlin
- Karl Bröcker, geb. 26. März 1913 in Holzhausen, Kr. Minden
- Emma Burmeister, geb. Ehlers, geb. 19. März 1888 in Krakow
- Martha Dörnbrack, geb. 8. April 1894 in Neubrandenburg
- Erich Geertz, geb. 24. Juni 1884 in Knüppeldamm bei Rostock
- Fritz Grambow, geb. 7. Dezember 1898 in Wendisch-Waren
- Viktoria Großmann, geb. 19. Juni 1918 in Viezen, Kr. Güstrow
- Karl Hahn, geb. 29. Januar 1901 in Wendorf
- Almine Harder, geb. Lengert, geb. 23. Dezember 1891 in Zabara/Wolhyn.
- Hedwig Hintze, geb. Ahlgrimm, geb. 26. Juni 1904 in Neustrelitz
- Max Gabriel, geb. 12. November 1899 in Zeipan/Schlesien
- Hermann Kempert, geb. 27. Februar 1898 in Ballin
- Paul Kessler, geb. 26. Januar 1898 in Rostock
- Hermann Kloth, geb. 28. August 1910 in Jabel
- Kurt Kühn, geb. 16. April 1896 in Stettin
- Karl Keck, geb. 11. Juni 1894 in Delitz am Berge, Kr. Merseburg

- Anna Krogmann, geb. 24. August 1872 in Dobin, Kr. Goldberg
- Gertrud Kunstmann, geb. 7. Oktober 1894 in Neubrandenburg
- Käthe Levin, geb. 4. Oktober 1906 in Rostock
- Petronella Lukaitis, geb. 1. September 1887 in Rutzau/Libau (Lettland)
- Otto Meinke, geb. 19. Mai 1874 in Schwerin
- Ida Niemann, geb. Knoop, geb. 9. Oktober 1894 in Mölln, Kr. Lauenburg
- Lothar Ortmann, geb. 22. November 1909 in Plau
- Helene Peters, geb. 12. Juli 1902 in Idasruh, Kr. Anklam
- Albert Puls, geb. 7. Juli 1905 in Zislow
- Friederike Quandt, geb. Schult, geb. 8. Mai 1877 in Schwaan
- Else Reglin, geb. 24. Juli 1910 in Carwitz
- Else Rink, geb. 25. Dezember 1891 in Bockenheim
- Albert Scharfe, geb. 20. September 1894 in Deuben
- Käthe Schnackenberg, geb. 9. März 1913 in Gyhum bei Bremen
- Hermann Schult, geb. 5. August 1887 in Krakow
- Heinrich Schulz, geb. 12. Juli 1898 in Hohenhausen
- Frieda Schünemann, geb. Bergmann, geb. 27. April 1887 in Bestland
- Olga Seehase, geb. Burmeister, geb. 18. August 1891 in Jürgenshagen
- Anna Segebrecht, geb. 6. November 1893 in Natzlaff
- Karl Sievert, geb. 19. Oktober 1907 in Neu-Steinhorst, Kr. Ribnitz
- Frieda Steinhagen, geb. 23. Juni 1908 in Lüschow bei Goldberg
- Wilhelm Stuhr, geb. 5. April 1871 in Schwerin
- Margarete Tessmann, geb. Oeser, geb. 25. Dezember 1910 in Rostock
- Alma Voss, geb. Leppin, geb. 24. April 1903 in Silz, Kr. Waren
- Klara Westphal, geb. Volkstorf, geb. 6. Februar 1902 in Teterow
- Paulina Willamowski, geb. Bubelt, geb. 14. April 1901 in Altgrunde

- Heinrich Winkelmann, geb. 28. November 1910 in Eltze
- Adolf Witte, geb. 28. Juni 1909 in Dolgen

2. Die Opfer aus der Namensliste des Schreibens von Dr. Schmidt an das Versorgungsamt Güstrow vom 11. Juli 1941 (nur namentlich bekannt)

- Auguste Baresel
- Katharina Finke
- Auguste Seeliger
- Karl Walther
- Hans Lüth
- Elsa Plust
- Veronika Geron
- Karl Hemprich
- Else Brüggemann
- Emma Burmeister
- Willi Wiesheit
- Heinrich Ziegler
- Heinrich Steudel
- Arthur von Stempel (seit 1936 in Gehlsheim, ab 1939 Anstalt Domjüch)

3. Personen, die durch Einträge in Einwohnerverzeichnissen, Kirchenbücher, Geburtsurkunden oder durch Zeugenaussagen als Opfer identifiziert wurden

- Karl Friedrich Kreienbring, geb. 13. Juli 1910 in Woldegk
- Anna Ziolkowski, geb. 13. Dezember 1915 in Weisdin
- Hermine Brockmann, geb. 23. Januar 1873 in Strelitz
- Karl Strasen, geb. 5. Januar 1906 in Mirow
- Albert Marquardt, geb. 27. Januar 1900 in Warbende
- Emmi Wild, geb. unbekannt

- Berta Ladendorf, geb. 12. Januar 1873 in Strelitz
- Wilhelm Müller, geb. 7. März 1881 in Neustrelitz
- Maria Weber, geb. Klavitter, geb. 10. März 1889 in Stettin
- Hans Burwig, geb. am 1. März 1922 in Helpt
- Kurt Seegert, geb. 14. Juli 1919 in Neustrelitz

Anlage 2

Liste der ehemaligen Domjücher Patienten, die am 18. Juli 1941 und am 1. August 1941 von Sachsenberg nach Bernburg transportiert und dort ermordet wurden

- Else Schade, geb. 16. Dezember 1893, Geburtsort unbekannt
- Anna Genz, geb. 28. Mai 1908 in Friedland
- Marie Günther, geb. 17. März 1894 in Warbende
- Paul Schütt, geb. 27. September 1901, Geburtsort unbekannt
- Erna Stühmer, geb. 1. Februar 1908 in Fürstenberg
- Richard Schultz, geb. 1. Mai 1873 in Fürstenberg
- Ernst Niemax, geb. 29. Juni 1894 in Strasen
- Elisa Bresch, geb. 28. Juni 1878 in Friedland
- Paul Thiele, geb. 10. Mai 1899 in Schwerin
- Minna Luchterhand, geb. unbekannt in Ahrensberg
- Fritz Seemann, geb. 10. August 1884 in Heinrichswalde
- Anna Martens, geb. 27. September 1881 in Friedland
- Emmi Stegemann, geb. 6. Januar 1903, Geburtsort unbekannt
- Wilhelm Krämer, geb. 17. April 1893 in Burg Stargard
- Marie Peters, geb. 15. März 1880 in Feldberg
- Meta Schröder, geb. 5. September 1879 in Starsow
- Anna Mohnke, geb. 7. November 1909 in Mirow
- Margarethe Grünrawski, geb. 16. Januar 1903 in Mirow

Quellenverzeichnis

Der Anfang eines dunklen Kapitels

(1) Serger, Dr,: Die Landesirrenanstalt bei Strelitz (Alt); In: Allg. Zeitschrift f. Psychiatrie und psychisch-gerichtliche Medicin. 60. Bd. Berlin: Druck und Verlag von Georg Reimer, 1903

(2) Sechster Jahresbericht der Landesirrenanstalt bei Strelitz (Alt) vom 21. August 1902 bis 1. Januar 1904; Neustrelitz, Druck der Hofbuchdruckerei, 1904

(3) Witzke, Ch.: Domjüch Eine Landesirren-, Heil- und Pflegeanstalt in Mecklenburg. Friedland, Edition federchen, Steffenverlag 1. Auflage 2012

(4) Binding, K. Hoche, A.: Die Freigabe der Vernichtung lebensunwerten Lebens – Ihr Maß und ihre Form, Leipzig, Verlag von Felix Meiner, 1920

(5) Ebenda

(6) Ebenda

(7) Meltzer, E.: Das Problem der Abkürzung lebensunwerten Lebens; Halle a.d. Saale; Carl Marhold Verlagsbuchhandlung 1925, S. 55

(8) Hitler, Mein Kampf Eine kritische Edition; Autorenkollektiv im Auftrag des Instituts für Zeitgeschichte München-Berlin, 2016; Band II S. 1031–1033

Ein Gesetz und seine Vollstrecker

(1) Ebenda, Band II S. 1032

(2) Gütt, Rüdin, Ruttke: Zur Verhütung erbkranken Nachwuchses; Gesetz und Erläuterungen; J.F. Lehmanns Verlag München, 1934 S. 6

(3) Reichgesetzblatt Teil 1 1933; Ausgegeben zu Berlin, d. 25.Juli 1933, Nr. 86

(4) Bundesarchiv (BA), Akte R 1501, 126252

(5) Landeshauptarchiv Schwerin (LHA) Akte 5.12-7/1 Meckl-Schwerinsches Ministerium für Unterricht, Kunst und medizinischen Angelegenheiten

(6) BArch, Akte R 179/1873

(7) Psychiatrisch-Neurologische Wochenschrift, Halle a. S. 21.04.1934, 36. Jahrgang Nr. 16, S. 181-189

(8) BArch, Akte R 179/ 1874

(9) LHA, Akte 5.1. -7/1 Meckl-Schwerinsches Ministerium für Unterricht, Kunst und medizinischen Angelegenheiten, Nr. 10619

(10) Jahresberichte der Anstalt Domjüch; LHA Akte 5.12-71 Meckl.-Schwerinsches Ministerium für Unterricht, Kunst und medizinischen Angelegenheiten, Nr. 10565
(11) LHA 5.12-3/27 Landesfürsorge- und Landarbeitshaus Güstrow; Nr. 757
(12) LHA 5.12 -7/1 Meckl.-Schwerinsches Ministerium für Unterricht, Kunst und medizinischen Angelegenheiten, Nr. 11130
(13) Archiv des DRK-Krankenhauses Neustrelitz; Operationsbuch aus dem Jahr 1944

Unruhige Jahre

(1) Witzke, C. Domjüch a.a.O.
(2) LHA MfU 10360
(3) Delius, Peter: Das Ende von Strecknitz: die Lübecker Heilanstalt und ihre Auflösung 1941; in Beitrag zur Sozialgeschichte der Psychiatrie im Nationalsozialismus. Kiel 1988 (Veröffentlichungen des Beirates für Geschichte der Arbeiterbewegung und Demokratie in Schleswig-Holstein; Bd.2
(4) LHA 5.12-7/1 MfU 10572
(5) LHA 5.12.-7/1 MfU Jahresberichte 10565
(6) Witzke C. Domjüch a.a.O. S. 62 ff
(7) LHA 5.12.-7/1 MfU Jahresberichte 10565
(8) LHA 5.12.-7/1 MfU 23. Jahresbericht 10565
(9) Bartels, Friedrich: Kückenmühler Spuren, Die Geschichte der Kückenmühler Anstalten in Stettin; Griepommern-Verlag, 2013
(10) BArch, Akte R 179/ 28209
(11) LHA Akte 5.12-3/27-1 MfU Nr. 2421
(12) Haack, Dr. Kathleen, Kumbier, Dr. Ekkehardt, Herperts; Prof. Dr. Sabine C.: Erinnern – Betrauern – Wachrütteln; Zum Gedenken an die Opfer von Zwangssterilisationen und „Euthanasie“ in der Zeit des Nationalsozialismus; unter www.psychiatrie.med.uni-rostock.de
(13) LHA Akte 5.12-3/27-1 Bestand Landesfürsorge- und Landarbeitshaus Güstrow, Nr. 5448

Ein verhängnisvolles Schreiben

(1) BArch, Euthanasie-Ermächtigung Hitlers vom 1.9.1939; R 3001,Nr. 24209, Bd.I

(2) Hinz-Wessels, A.: Tiergartenstraße 4 Schaltzentrale der nationalsozialistischen „Euthanasie"-Morde; Ch. Links Verlag, Berlin, 2015, S. 65

(3) LHA MfU Nr. 10560

(4) Hinz-Wessels, A.: Tiergartenstraße 4 a.a.O., S. 9

Alma Franke, das erste Domjücher Euthanasieopfer?

(1) BArch, Akte R 179/13934

(2) Brandenburgisches Landeshauptarchiv, Rep. 55c, Landesanstalt Neuruppin, 26, Überführung von Kranken, Bd. 7, 1940-1945

Ein einfaches Formular mit schrecklichen Folgen

(1) Ahrberg E., Drescher A.: „… bitte ich um Begnadigung …" Der Arzt Johannes Hecker (1902–1946); Herausgeber: Die Landesbeauftragte für MV für die Unterlagen des Staatssicherheitsdienstes der ehemaligen DDR, Schwerin 2017, S. 36

(2) Klee E.: „Euthanasie" im Dritten Reich, Fischer-Verlag 1983, 2010 S. 112

(3) BArch, Akte R 179/1874

Der Schicksalstag für etwa 100 Domjücher Patienten

(1) BSTU, Akte MfS BV Rostock; ASt. 156/83, Tgb.-Nummer 013961/16Z

(2) Hoffmann, Dr. Ute.: Transport in den Tod-die Verlegung von Patienten in die Euthanasie-Anstalt Bernburg, Symposium zum Sachsenberg, Schwerin, 25. Januar 2007

(3) LHA Akte 5.12-3/27

(4) Stadtarchiv Neustrelitz

(5) Ausstellungskatalog „Künstler in der Irre", Sammlung Prinzhorn, 2008, Inv.-Nr. 1116

Else, eine tragische Lebensgeschichte

(1) BArch, Akte R 179/7752

Das Ende der zentralen Euthanasie

(1) Haack K., Kasten B., Pink J.: Die Heil- und Pflegeanstalt Sachsenberg-Lewenberg 1939-1945, Landeszentrale für politische Bildung Mecklenburg-Vorpommern, 2016, S.86

(2) Portmann H.: Kardinal von Galen, Münster, 14. Aufl. 1976, Anhang S. 351 ff

(3) KZ Ravensbrück, in Wikipedia

(4) Haack K., Kasten B., Pink J.: a.a.O., S. 135

(5) Witzke, Ch.: Domjüch a.a.O. S. 87

(6) ebenda, S. 88

(7) BSTU, Akte MfS BV Rostock; ASt. 156/83, Tgb.-Nummer 013961/16Z

Die Auflösung der Anstalt und Verlegungen nach Sachsenberg und Gehlsheim

(1) LHA, MfU, Akte 10566, S. 23

(2) LHA, Akte 5.12-7/11 Nr. 6274

(3) LHA Akte 5.12.-7/11 Nr. 4750

(4) Mitteilung Dr. Kathleen Haack

(5) Mitteilung des Enkels von Auguste Ziemann, Herr Berthold Schneiderheinze vom 10. Juli 2016

Gestorben in Meseritz-Obrawalde

(1) Steppe H., Ulmer E.M.: „Ich war von jeher mit Leib und Seele gerne Pflegerin“ Über die Beteiligung von Krankenschwestern an den „Euthanasie“-Aktionen in Meseritz-Obrawalde, Mabuse-Verlag, 2001, S. 19

(2) Staatsarchiv Gorzow-Wielkopolski, Akte Szipal Obrzyce, Nr. 1428

(3) ebenda, Akte Nr. 3111

(4) ebenda, Akte Nr. 305

Das Ende einer schlimmen Zeit

(1) Witzke, Ch.: Domjüch a.a.O. S. 150

(2) Ahrberg E., Drescher A.: „…bitte ich um Begnadigung…“ Der Arzt Johannes Hecker (1902-1946); Herausgeber: Die Landesbeauftragte für MV für die Unterlagen des Staatssicherheitsdienstes der ehemaligen DDR, Schwerin 2017, S. 51

(3) LHA 5.12-6/7, Nr. 81, Aussage Franz Völzer (9.1.1946)

(4) LHA MfU Akte 10588

(5) LHA MfU Akte 10585

(6) Witzke, Ch.: Domjüch a.a.O. S. 111

(7) BStU, MfS; ZA HA IX/11 RHE 58/89 B. 72ff; Ausfertigung des Hauptverhandlungsprotokolls in Russischer Sprache

Bildnachweis

Foto 1: Historische Postkarte um 1902 (Kopie Karbe-Wagner-Archiv Neustrelitz)

Foto 2: Historische Postkarte, Ansicht um 1971

Foto 3: Landeshauptarchiv Schwerin, Akte 5.12.-3/27-1 Nr. 2421

Foto 4: Foto R. Simon, 2018

Foto 5: Bundesarchiv, Akten R 179, Nr. 13934

Foto 6: Brandenburgisches Landeshauptarchiv, BLHA, Rep. 55C Landesanstalt Neuruppin Nr. 34, Bl. 244

Foto 7: Bundesarchiv, Akten R 179, Nr. 1874

Foto 8: Hessisches Staatsarchiv Wiesbaden, Fotosammlung Franz Schmidt

Foto 9: Sammlung Prinzhorn der Universitätsklinik Heidelberg, Wilhelm Müller, Fall-Nr. 62, Inv. Nr. 1121

Foto 10: Foto Neustrelitzer Zeitung vom 28.07.1941 (Kopie Universitätsbibliothek Rostock)

Foto 11: Foto privat, Nachlass Familie Reglin

Foto 12: Foto R. Simon, 2018

Foto 13: Historische Ansichtskarte, Ansicht um 1910

Foto 14: Foto Verein zum Erhalt der Domjüch-Ehemalige Landesirrenanstalt e. V.

Foto 15: Foto R. Simon, 2018

Foto 16: Foto R. Simon, 2017

LESETIPP!

Hans-Joachim Nehring
Auf dem Königin-Luise-Weg von Berlin ins mecklenburgische Hohenzieritz
Ein literarischer Reisebegleiter

44 Seiten | 10 x 21 cm
Broschüre mit Drahtheftung
ISBN 978-3-943168-08-2
3,90 € (D) | 4,10 € (A)

Hans-Joachim Nehring führt Sie auf dem Königin-Luise-Weg von Berlin nach Hohenzieritz. In drei Etappen bietet dieser literarische Reisebegleiter einen Einblick in die faszinierende Geschichte der Preußischen Königin und zeigt auch Möglichkeiten auf, sich abseits des Weges umzuschauen.